JN078891

これ1冊ですべてがわかる

PPP/PFIの教科書

Textbook of PPP/PFI

株式会社ブレインファーム 代表

新谷聡美［著］

中央経済社

はじめに

　2022年（令和4年）6月，PPP/PFIはまた1つ新しい節目を迎えました。首相官邸で開催された会議[1]の席上で，岸田文雄首相がPPP/PFIを「新しい資本主義における重要な取組みである」と位置づけ，「2022年度から10年間の事業規模目標を30兆円とする」と明言したのです。

　この目標を達成するには，まだPPP/PFIを実施したことがない，比較的人口規模が小さい自治体にも取組みを促すことが必要となります。そこで，内閣府[2]は，「PPP/PFI推進アクションプラン」の令和4年改定版を公表し，「人口10万人以上の全自治体で優先的検討規程を導入する」という目標を掲げました。この優先的検討規程とは，「公共施設の整備等に際し，PPP/PFI手法導入を優先的に検討する仕組み」のことです。この規程を導入すると，その自治体は公共施設を新しく建てたり建て替えたりする際に，必ずPPP/PFIの導入を検討しなければなりません。つまり，PPP/PFIがぐっと近くなるのです。

　人口10万人以上の全自治体といえば，人口カバー率でいうと日本全体の70.7％[3]にあたります。それまでは，PPP/PFIといえば，どちらかといえば，都道府県や政令指定都市などの人口規模も大きく，ある程度財政的にゆとりがある自治体ための制度だと思われていたのが，これからは，全国の身近な市町村でも，どんどん取り組む時代がやってくることになります。大手のゼネコンや知名度の高い運営企業だけではなく，全国各地の地元事業者も，PPP/PFIを熟知して参画の機会と方法を考えるのが当たり前になるという時代がすぐそ

---

[1]　第18回民間資金等活用事業推進会議（令和4年6月3日開催）。
[2]　内閣府には民間資金等活用事業推進室（通称：PPP/PFI推進室）が設置されており，PPP/PFIの推進を担っている。
[3]　総務省統計局「令和2年国勢調査　人口等基本集計結果」に基づく。

こまで来ているのです。

　こうした流れを具体的な動きにするために，2023年（令和5年）6月に公表された「PPP/PFI推進アクションプラン」の改定版では，地域企業が参画し地域経済社会にメリットをもたらす案件や，比較的小規模な事業にも焦点が当てられ，全国どこでも気軽にPPP/PFIに取り組む機運醸成に動き出しています。

　PPPとは，Public Private Partnershipの略で，官・公（Public）と，民（Private）が文字どおりパートナーシップを組んで，公共サービスを提供する手法です。民間活力を導入することで経費を縮減できることから，自治体の財政のひっ迫の解決策の1つとして，重要な役割を担っていました。

　ただ，根拠法となる法律には大まかな規定があるだけで，制度運用の詳細は，各自治体に委ねられていることが多くなっています。そのため，コスト削減という働きだけにとどめるのではなく，制度を工夫して，民間事業者のノウハウや創意工夫をうまく引き出し，旧い公共施設から新しい価値を生み出したり，維持管理方法を工夫することで，コストダウンと品質向上を同時に実現したりするケースなども増えてきました。

　このように，今やPPP/PFIは，新しいまちづくりや課題解決のための"クリエイティブなツール"に変革しつつあります。そして，こうしたPPP/PFIのクリエイティブさを引き出せるかどうかは，公募する側である行政と応募する側である民間の，それぞれの担当者の"腕次第"ということになります。

　もちろん，議会や地域住民も重要な役割を担っています。議会議決が必要な手続きに対応するだけではなく，いち早く他都市の事例をキャッチして理事者たちに働きかけるのは議員ならではの動き方[4]でしょうし，地域住民も提案制度などを活用する[5]ことで，自分達のまちをより魅力的にするためのアイ

4　例えば，大阪府豊中市のSIB/PFSを活用した在住・在勤の喫煙者に対する禁煙支援事業などは，市議会での議会質疑を大きな契機として事業化されている。
5　東京都豊島区では，次年度に実現してほしい事業提案を区民から募集し，審査や投票で選ばれた事業を予算化する「区民による事業提案制度」を令和5年度に実施している。

デアを出すことも可能です。

　PPP/PFIを新しいツールととらえ，自らの創意工夫を発揮してうまく使いこなせるようになるには，PPP/PFIの全体像を押さえつつ，自分達の地域や自分達の企業の特徴を踏まえてカスタマイズすることが必要です。隠れた特殊要因があるかもしれない有名な成功事例に踊らされることなく，自分達に活用できる要素があるかないかを冷静に見極め，自分達の地域に，あるいは自分達の組織に，うまく見合った形で取り入れていく柔軟性が求められるわけです。

　元・行政職員で，今は行政コンサルタントとして活躍する寺沢弘樹氏は，その著書[6]の中で「PPP/PFIは生きる手段であり〜（中略）〜アカルイミライへ導くための手段のひとつ」と述べています。

　人口減少による税収減や施設老朽化による維持管理経費の大幅な増加が見込まれる一方で，温室効果ガスがもたらす気候変動の影響なども加速しており，異常気象が引き起こす災害対策費用といった時代対応型経費も増加していくことを考えると，これからのまちづくりは明るい状況ばかりではないかもしれません。しかし，寺沢氏が言うように，「生きる手段」として，それぞれの地域に根ざしたPPP/PFIの活用に知恵を巡らせ，民間ならではの創意工夫を発揮して公共のパートナーとして応えていけば，明るい未来を切り開くチャンスをつかむことができるはずです。

　この本は，そうした，まちづくりのためのツールとしてPPP/PFIをうまく活用したいと考える，自治体職員（特に人口20万人未満の地方自治体職員）や民間事業者・地域金融機関の職員，地方議会議員，行政やまちづくりを研究する学生，そして一般市民のために書き下ろしました。制度説明だけではなく，

6　寺沢弘樹『PPP/PFIに取り組むときに最初に読む本』（学陽書房，2021年）。自治体職員向けに書かれているため応募者側となる民間企業向けの情報は少ないが，全ページに著者の熱い想いがこもっており，これからの行政経営におけるPPP/PFIの位置づけについて考えるきっかけとなる良書。ぜひ一読することをお勧めしたい（ただし，とても熱いのでご覚悟を）。

4

実際のコンサルティング現場で見聞きした体験に基づくノウハウやホンネ話も取り入れ，単なる施策紹介や事例紹介にとどまらないようにしています。

　本来は，1つの事業手法だけで1冊の本が書き下ろせるほど，PPP/PFIに関する情報は多岐にわたることから，本書では，地方での活用機会が多くなると思われる手法だけに絞って紹介しています。そのため，まずはざっくりと全体像を押さえ，ポイントをつかみ，「どうやら，PPP/PFIを活用して，あれこれ知恵と工夫でまちの未来を創り出すことは，おもしろそうだな」と感じていただけたら幸いです。

＊　　＊　　＊

　2023年に創立25周年を迎えた私たちも，PPP/PFIの黎明期はほんの数名でした。その頃から今に至るまで，知名度やブランドではなく，熱意と提案力に信頼を寄せ，応援してくださるクライアントの皆様に心より感謝いたします。

　また，小規模企業であるにもかかわらず活動実績をご評価いただき，2018年度よりPPP協定パートナーとしてあたたかく迎え入れて下さっている国土交通省 総合政策局 社会資本整備政策課の皆様に深謝します。

　最後に，解説書とノウハウ書をシームレスにつなぎ，公共と民間の視点が臨機応変に入れ替わる実験を応援し，本書の出版に向けて力強く背中を押してくださった和田豊編集長をはじめ中央経済社の皆様に，万謝の念を送ります。

　本書が，PPP/PFIの活用をめざす方にとっての"身近な入門書"としてお役に立つと幸いです。

2024年1月

新 谷 聡 美

※本書に掲載している手法や法律などは，すべて2023年（令和5年）10月現在のものです。

目　　次

本書の使い方

　本書は，主要なPPP/PFIの全体像を網羅的に説明する基本書となることをイメージし，専門用語などの基礎知識がなく初めてPPP/PFIに触れる方でも，気軽に読めることを目指して作られています。

　そのため，PPP/PFIの全体像を把握したい方は，脚注などは後回しにして最初のページからざっくり読んでいただき，細かい情報を知りたい方は，脚注やひとくちコラム，索引などを活用しながら読み進めるなど，皆様のニーズに合わせた使い方をなさってください。

　また，おおよそ前半の4分の3が手法に関する基本解説書，後半の4分の1がさまざまなアドバイザリ／コンサルティングの現場体験に基づく実用書といった体裁になっています。あえて前半・後半を連動させないスタイルを採用していますので，「堅苦しい用語理解はなるべく後にしたい」，という方や，「実務的なノウハウを身につけてから手法解説を読みたい」という方は，後半部分から先に目を通すという使い方も可能です。

　・脚注…文章中に脚注番号で表示し，下欄に詳細を記載しています。言葉の定義や出典，根拠法に関する解説などに加え，著者の所感やウンチク情報が記載されているため，ある程度PPP/PFIに関する知識がある方は，本文は斜め読みしながら，脚注を中心に読むという使い方も可能です。

　・事例紹介…初めてPPP/PFIに取り組む自治体や地域の民間事業者向けに，新しさや珍しさはないけれども取り入れやすい一般的な事例を中心に紹介しています。より詳細な全国の事例紹介は内閣府や国土交通省などのウェブサイトにある事例集なども参考にすることをお勧めします。

　・ひとくちコラム…PPP/PFIの手法の解説とは異なるものの，これからのまちづくりを考えるうえで知っておいてほしい話題を取り上げたコラムです。著者の雑談や本音トークなども取り上げています。

・索引…巻末にPPP/PFIでよく使われる用語索引をつけています。特に知り
　　たいワードがある場合にご活用ください。

　なお，本書は"気軽によめる"ことに主眼が置かれているため，詳細な知識解説
よりも，わかりやすさを優先しています。そのため，できるだけ「等」抜き表現
を用い，例外規定や条文内参照条項などには触れない，シンプルな説明スタイル
を採用しています。
　したがって，学問的観点からPPP/PFIを学ぶ方は，必ず根拠法の各条文・条
項をご確認ください。基本六法のようなあらゆる場面を想定した汎用性とは逆に，
個別具体の活用場面を想定して練り上げられた条文を見るのは，それはそれでと
てもおもしろいものだと思います。

用語ルールに関する留意事項

①　「地方自治体（自治体）」「行政」「公共」とは

　本書は，主として人口20万人未満の自治体を対象に構成されています。その
ため，本来は法的説明としては，「地方公共団体[1]」と示すべきところも，特に
事情がない限り，地方自治体または自治体という表記に統一しており，ノウハウ
に関する説明などは，あえて都道府県を視野にいれずに記載しています。
　なお，行政職員やその事務事業などに主眼がある文脈では「行政」と表記し，
機能として民間との対比が重要な文脈では「公共」と記していますが，すべて
「地方自治体[2]」を想定しています。

②　「民間事業者」とは

　先に述べたとおり「シンプルな説明スタイル」を採用するために，本来は「民

1　ご承知のとおり，地方自治法では地方公共団体と記されており，地方公共団体の方が
　正式名称となる。
2　特に，普通地方公共団体の中の市町村だけを意識した使い分けをしたいわけではなく，
　特別地方公共団体に位置する特別区や一部事務組合などもPPP/PFIを活用することが一
　般的になっている。

間企業・各種団体（法人格の種類や有無に関わらず）」と記すべきところも，すべて「民間事業者」に統一しています。

公共については，主として人口20万人未満の自治体を想定しているのに対し，民間については，あらゆるプレイヤーがPPP/PFIの主体者となる可能性があることを想定し，説明がない限り，特に業種や企業規模を問わず，あらゆる企業・団体を対象としています。

なお，「民間企業・各種団体（法人格の種類や有無に関わらず）」とあるとおり，本来は民間事業者には分類されない公的な団体，例えば，地方自治体が出資する団体（いわゆる外郭団体）である公益・一般財団法人や公益・一般社団法人，社会福祉法人なども，あえてシンプルに表記するために，「民間事業者」という言葉に統一して記載していることにご留意ください。

PPP/PFIの特徴の1つである，「民間ノウハウの活用」が重視されるようになるにつれ，特に指定管理者分野などにおいて，「外郭団体だから劣っている」という，ややバイアスが掛かった言説も見受けられるようになりましたが，そうした偏見があてはまる場合も多数ある反面，熱意と専門性にあふれる外郭団体職員も多く活躍している現状を踏まえ，本書ではそうした視点に与するのではなく，単に表記を短くするために「民間事業者」と記載しています。

③ 「PPP/PFI」とは

特定の根拠法に基づかない総称であり，国も資料によって対象範囲を変えているケースもあるため，本書における正確な定義は，後述の24頁をご参照ください。

なお，本来は単に「PPP」のみで記載すべきところも多く，「PPP」と「PPP/PFI」が入り混じった文章となるべき箇所も多くありますが，初めて情報に触れる方の困惑を避けるため，あえて「PPP/PFI」で統一していることをご了承ください。

第**1**章 PPP/PFIとは何か ～本当の役割を知ろう

(1)　社会的要請とまちづくりにおける必要性

人口減少/少子高齢化/財政のひっ迫という行政の三重苦

　PPP/PFIの全体像を把握するために，まずは，わが国における[1]PPP/PFI
の変遷と，なぜPPP/PFIが必要とされるようになってきたのかを考えてみま
しょう。

　PPP/PFIが日本の中で大きくとりざたされるようになったのは，2015年に
PFI法が改正され，2016年に新たな「PPP/PFI推進アクションプラン」が決定
されたことがターニングポイントになっている，という見方が一般的です。

　それ以前の，いわゆる旧アクションプランの時代は，事業規模が10年間で10
～12兆円達成が目標とされるなど，規模の拡大に向けた動きはありましたが，
あくまでも特定の大都市での事例や空港などの大型案件をイメージしたもので

1　周知のとおり，PPP/PFIの発祥は英国。「小さな政府」を掲げるサッチャー政権（当時）
　が行政改革の一環として公共部門への民間活力の導入に向けた取組みを行い，続いて発足
　したメジャー政権（当時）において，PFIが正式に導入された。その後，問題点の指摘を
　受けた改革などを通じて，PFIの反省を踏まえた新たな制度として公共も出資するPF2が
　導入されている。

あり，全国への拡がりを感じられる制度という実感を伴ったものではありませんでした。

しかし，2016年には事業規模目標が21兆円と，それまでの倍に引き上げられるとともに，人口20万人以上の地方自治体に対し「優先的検討規程」の策定が求められ，多くの自治体で，PPP/PFIに取り組むことが求められるようになりました。

【図表1－1　PPP/PFI推進アクションプランの変遷】

期　間	事業規模目標	特徴・新たな取組み
平成25年 （2013年） から10年間	10兆円～12兆円	・民間事業者の役割を大幅に拡大 ・空港，水道，下水道，道路を重点分野化 ・協定等に基づき官民双方がリスクを分担
平成28年 （2016年） から10年間	上記を21兆円に拡大 （※3年前倒しで達成）	・コンセッション事業等の重点分野の追加 ・20万人以上自治体の優先的検討規程の策定 ・地域プラットフォームを通じた案件形成推進
令和4年 （2022年） から10年間	30兆円に拡大	・新たな分野・領域におけるコンセッション等を拡大 ・10万～20万人自治体の優先的検討規程の策定 ・事業件数10年ターゲットの設定 ・新分野の開拓・PPP/PFI手法の進化・多様化

（内閣府　民間資金等活用事業推進室公表資料より著者作成）

この背景には，全国の地方自治体が抱えている「少子高齢化」「人口減少」「財政のひっ迫」，いわゆる行政の三重苦が，大きく影響しています。

このうち，少子高齢化は人口減少の主たる要因であり，いわば表裏一体の関係にありますが，それだけではなく，人口が減少すると，当然同時に税収も減少していくため，今と同じように行政サービスを実施していれば，いずれは自治体の財政がひっ迫してしまうのです。

【図表１－２　日本の将来の人口推移に関する推計】

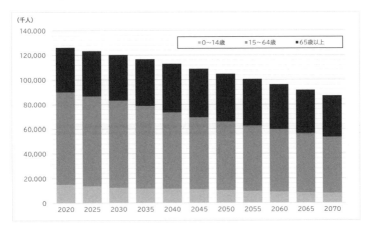

（国立社会保障・人口問題研究所「日本の将来推計人口（令和５年推計）出生３仮定（死亡中位）推計結果」より著者作成）

　このデータからもわかるとおり，今後数十年以内に多くの自治体が人口減に苦しむこととなります。つまり，これから数十年以内に確実に起こる「財政のひっ迫」という危機に備え，全国の地方自治体は，今のうちにできるだけ身軽になっておかなければならないのです。

　人口減少によって施設の利用者が少なくなっていくにもかかわらず，施設老朽化とともに維持管理費は増加していき，一方の税収は減少していく……この三重苦を何とか緩和しなければなりません。

　そのための，重要な切り札の１つが，PPP/PFIなのです。

次世代に立ちはだかる，朽ちるインフラ・ダブつく公共施設

　地方自治体が抱える財政のひっ迫は，上記のように税収減から起きるだけではありません。むしろ，税金という収入が減ることよりも，公共施設・インフラの維持や公共サービスの提供というコストが増えることでも財政はひっ迫します。そして最近は，この行政コストの増加が加速度的に起こっているのです。

　その要因の多くは，高度成長時代の公共工事にあります。

　日本経済が年平均で10％もの成長を続けた概ね1955年〜1973年ぐらいを，高度成長時代や高度成長期といった言い方をしますが，この時代は経済成長に加え人口も大幅に増加した時代でもありました。そのため，学校が作られ，公営住宅が作られ，どんどん公共施設が増えた時代でもあります。

　また，この高度成長時代の特徴的なトピックスとして，1964年10月10日に開催された東京オリンピックが挙げられます。世界中から「多くの人が集まる」「街並みを見られる」ことを意識し，全国で鉄道や道路，橋などのインフラ整備が進みました。ちなみに，東京・名古屋・大阪の大都市を結ぶ高速鉄道として東海道新幹線が開業したのも，1964年10月１日のオリンピック直前のことでした。

　公共施設やインフラを合わせて「社会資本」という総称を用いて表現することがありますが，できた当初は新しい社会資本も，時の経過とともに老朽化していき，メンテナンスや更新のための費用がかさんでいき，いずれはいわば負の資本へと変わっていく……そうした当たり前のことをあまり意識せず，大らかに成長を謳歌していたのが当時の日本だったのかもしれません。

　そこに警鐘を鳴らしたのが，2011年に出版された『朽ちるインフラ』[2]という著書で有名な東洋大学の根本教授です。著書では，老朽化した社会資本の再生に必要な規模として，総額330兆円，今後50年間で毎年8.1兆円といった具体的な数字も示されました。この著書名が当時の社会に与えたインパクトは大きく，「そうか，インフラというのは，いずれは必ず朽ちる日がやってくるのだから，先を考えてきちんと準備をしていかないといけないのだ」という社会的な機運を生み出す大きなチカラとなりました。

　これをうけ，社会的資本の再整備が必要であるとの課題認識を持ちながらも，なかなか国や自治体の具体的な対策が進まないなかで，さらに追い打ちをかけるように，大きな事故が発生しました。130メートル以上にわたってトンネル

2　根本祐二『朽ちるインフラ−忍び寄るもうひとつの危機』（2011年，日本経済新聞出版社）

内の天井板のコンクリート板が突然落下した，笹子トンネル崩落事故です。この事故では，通行中だった自動車3台が巻き込まれて9名もの尊い命が奪われ，日本の高速道路での事故としては，最大の死亡者数となりました。

　この事故が国に与えた影響は大きく，国土交通省は翌年の2013年を「社会資本メンテナンス元年」と位置づけ，社会資本の老朽化対策として戦略的に社会資本の維持管理や更新に向けて動き始めました。「インフラ長寿命化計画」の策定をはじめ，さまざまな取組みを推進することとなり，全国に散らばるインフラを，朽ちる前にどうするかということ向けて，大きな転換が始まったのです。

　老朽化するのは，国が管理する道路や橋梁，鉄道といったインフラだけではなく，地方自治体が抱える公共施設も同じです。そこで，長期的な視点をもって公共施設の更新・統廃合・長寿命化などを計画的に行うために，全国の自治体に対し，2014年から「公共施設等総合管理計画」の策定が求められることになりました。当時，総務省から各自治体に送られた通知文章[3]には，自治体が抱える三重苦とダブつく公共施設の現状を反映する，次のような言葉が掲載されています。

> 　地方公共団体においては，厳しい財政状況が続く中で，今後，人口減少等により公共施設等の利用需要が変化していくことが予想されることを踏まえ，早急に公共施設等の全体の状況を把握し，長期的な視点をもって，更新・統廃合・長寿命化などを計画的に行うことにより，財政負担を軽減・平準化する……（以下略）

　ここには，国民の安全・安心を守るためのインフラの老朽化対策といった視点に加え，少子高齢化に伴う「需要の変化」という視点も含まれています。人口減少に伴ってダブついていく公共施設のあり方を，国もいち早く警鐘を鳴らしていることがわかります。

　しかしその後も，地方自治体の厳しい財政状況は大きく変わることはなく，インフラがどんどん改修され，公共施設がバンバン集約・再編されているとい

3　総財務第75号別添「公共施設等総合管理計画の策定にあたっての指針」（平成26年4月22日）より抜粋。

う明るい状況にはありません。

　例えば，地方自治体が公共施設等の建設・整備や維持管理を行うための費用を「土木費」といいますが，図表1－3からもわかるように市町村の土木費は減少し続けており，ピークだった1993年と比べると，約半分となっています。これは，道路や橋梁，下水道施設などの身近なインフラ施設の多くを市町村が管理している[4]ことを考えると，大変悩ましい状態だといえそうです。

【図表1－3　市町村における土木費の推移】

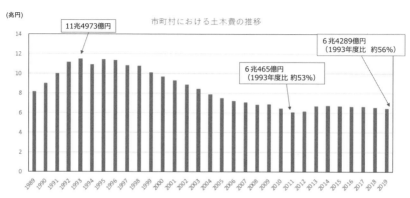

出典：国土交通省「国土交通省におけるインフラメンテナンスの取組」（令和5年）

　一方で，戦後の高度成長期に建設されたインフラ施設の老朽化はさらに進んでいきます。図表1－4は，建設後50年以上が超過する社会資本の割合を示したグラフですが，管理のあり方を強化することが待ったなしの課題だということがわかります。

4　道路（橋梁）の68％，下水道（管渠）の75％が市町村等の管理となっている（国土交通省「国土交通省におけるインフラメンテナンスの取組」（令和5年）より）。

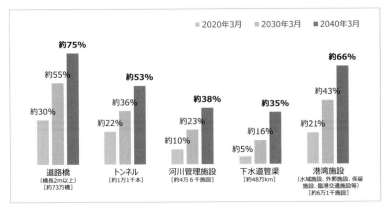

【図表1-4　建設後50年以上経過する社会資本の割合】

出典：国土交通省「国土交通省におけるインフラメンテナンスの取組」（令和5年）

　こうした状況をうけ，社会資本メンテナンス元年から10年目となる2022年には，インフラのメンテナンスへの対応を加速化させる意味も込めて，新たに「地域インフラ群再生戦略マネジメント」が国土交通省より発表されました。

　これは，道路やトンネル，橋梁，公営住宅や公園といったさまざまなインフラを，バラバラではなくいわば「群」としてとらえる（バンドリングする）ことで，管理する地元自治体を中心に，資本力のある大手企業や高度な技術力をもった民間事業者，小回りのきく地元事業者やまちづくり団体など，さまざまなメンバーがチームとなって地域のインフラをマネジメントする形です。

　まさに，公共と民間が強固なパートナーシップを組み，"これからの街のあるべき姿"という共通理念を持ちつつ，PPP/PFIのチカラを発揮してマネジメントに取り組むことが推進されているのです。

重荷をどう軽くするかは，まちづくりのビジョン次第

さて，こうしたインフラ・公共施設という重荷を本当に軽くしていくには，いったいどうすればよいのでしょうか。

その答えを真剣に考えるために，まずは，ここまであえて定義を明確にしないままに取り扱ってきた「インフラ・公共施設とは何ぞや」ということを整理することから始めたいと思います。

PPP/PFIのなかでも中核をなすPFIが定められているPFI法は，正式名称を「民間資金等の活用による公共施設等の整備等の促進に関する法律」といい，この正式名称のタイトルのなかにもある「公共施設等」について次のように定めています。

---

① 道路，鉄道，港湾，空港，河川，公園，水道，下水道，工業用水道など
② 庁舎，宿舎（官舎）など
③ 教育文化施設，スポーツ施設，MICE施設などの集会施設，廃棄物処理施設，医療施設，社会福祉施設，更生保護施設，駐車場，地下街，賃貸住宅など
④ 情報通信施設，熱供給施設，新エネルギー施設，リサイクル施設，観光施設，研究施設など
⑤ 船舶や航空機などの輸送施設（つまり，クルーズ船向け旅客ターミナル施設や空港など），人工衛星や関連施設など
⑥ その他政令で定めるもの

これらのうちで，建築物（いわゆる「ハコモノ」）以外をインフラだと定義づけると，①がインフラ[5]，②以下が公共施設だと位置づけることができそうです。

この公共施設等の定義は，PFI法によるものですから，言い換えると，これらがPFIの対象となりうる施設ということになります。国全体を対象とした法律のため，地方自治体が管轄する公共施設という文脈ではあまり見かけない，

---

[5] インフラは，道路や鉄道，港湾といった「社会インフラ」と学校や病院といった「生活インフラ」に大別できるが，ここでは前者を指していることにご留意いただきたい。

空港なども含まれていることが理解できます。

　なお，内閣府による令和5年改定版の「PPP/PFI推進アクションプラン」では，PFIの活用領域を拡大するための新分野として，上記の①～⑥にとどまらず，ハイブリッドダムや自衛隊施設なども掲げられています。また，港湾法の改正に伴い，港湾緑地を活用したにぎわい創出（いわゆる，みなと緑地PPP）なども期待されています。

　このように，多様なインフラ・公共施設の活性化をめざし，少しずつターゲットを拡げながらPPP/PFIを活用することが想定されていると思われます。

　ところで，PPP/PFIに携わる方には指定管理者制度の根拠法としてなじみが深い地方自治法には，「公共施設」という言葉は出てきません。地方公共団体の所有する公有財産の1つとして，「不動産」という言葉が掲げられているのみです[6]。

　不動産には，建築物だけではなく土地も含まれますから，PPP/PFIをフルに活用して，まちのこれからの重荷を軽くする，ということを考えるには，PFIがターゲットとしている建築物やインフラだけではなく，公共が所有する土地などの遊休資産（何らかの理由によって使用や稼働を休止させている資産）をどのように有効活用すればよいか，といったことも，これからのまちづくりを考える上で効果的だといえるでしょう。

　公共も民間も，将来のまちがどうあるべきかというビジョンを持ち，インフラや，公共施設や，土地など，「まちを構成するさまざまな要素」を「点」ではなく，まちづくりという「面」として広い視点からもとらえることで，重荷をいかに軽くできるかのヒントが見えてくるはずです。

6　地方自治法238条1項

(2) PPP/PFIの経緯と全体像

ナイスな工夫とチカラ技が光る，わが国のPPP/PFIの歴史

　そもそも，わが国において，PPP/PFIが取り上げられるようになったきっかけは，2001年6月の小泉内閣において閣議決定された，「経済財政運営及び経済社会の構造改革に関する基本方針」，いわゆる「骨太の方針」まで遡ると言われています。当時の小泉首相が掲げる「改革なくして成長なし」というスローガンを覚えている人は多いと思いますが，そのスローガンのもとで大きく進められた「骨太の方針」では，政策プロセスの改革として，下記のような対策が盛り込まれていました。

> 「公共サービスの提供について，市場メカニズムをできるだけ活用していくため，「民間でできることは，できるだけ民間に委ねる」という原則の下に，公共サービスの属性に応じて，民営化，民間委託，PFIの活用，独立行政法人化等の方策の活用に関する検討を進める。」

　またさらに，効率性/透明性の追求における官民の役割分担としては，次のような説明もなされています。「官から民へ」というキャッチフレーズを覚えている方も多いと思います。

> 建設，維持，管理，運営それぞれについて，可能なものは民間に任せることを基本にする。国及び地方公共団体等の事業にPFI事業の活用を進める。

　これからわかるように，わが国におけるPPP/PFIは，もともとは国や地方自治体が独占している公共の業務を民間に開放するという，規制緩和の枠組みから生まれてきた制度であり，いわば公共分野のビジネス機会の開放といったことが日本版PPP/PFIの最初の入り口だったわけです。こうした流れは，当時，内閣府PPP/PFI推進室が「PFI導入のメリット」として，次の3点を掲げていたことからもわかります。

> ●PFI導入のメリット
> 1．国民に対して，安くて質の高い公共サービスが提供されること
> 2．公共サービスの提供における行政の関わり方が改善されること
> 3．民間の事業機会を新たに創り，経済の活性化に貢献すること
> 　　　　　「PFI事業導入の手引き　基礎編」（内閣府）より抜粋

　こうした取組みを法的に明確化するために，1999年（平成11年）にPFI法が制定されました。翌年以降も，実施方針やガイドラインなどが整備され，PFI法自体も，具体案件から明らかになってきた課題などを反映する形で少しずつ改正されていきました。

　しかし，この間にもわが国の少子高齢化は進み，税収が伸び悩む半面，社会保障関係費が増え続け，国や自治体の財政状況は厳しくなっていきます。そうしたフトコロ事情が厳しいなかで，公共サービスとして老朽化したインフラの更新や維持管理費の増加に対応するには，当初の“公共ビジネスの開放”といった文脈だけでPPP/PFIをとらえるのではなく，社会インフラの維持・更新，そして運営までも見越して，民間の資金や経営ノウハウをフル活用することが望まれるようになります。

　そうした社会的要請もあり，2011年（平成23年）にPFI法は大きく改正されました。この改正の大きなポイントとしては，①対象施設の拡大，②提案制度の導入，そして③公共施設等運営権（いわゆるコンセッション）の導入の3点があげられます。

　次頁図表1－5からもわかるとおり，これらの改正の根底には，民間事業者が日頃の事業活動のなかで培ってきたノウハウを発揮しやすいように環境を整備する，という姿勢が見て取れます。つまり，もともとは「民間にも事業機会を提供してあげよう」という門戸開放型の発想だったPPP/PFIが，「公共サービスのために民間のノウハウを発揮してもらおう」という真のパートナーシップ型に舵を切った大きな転換点になったのではないかと考えられます。

　このように，2010年度末までに事業費ベースで累計3兆円あまりだったPFI

【図表1－5　PFI法改正のポイント】

改正ポイント	主な改正効果や創意工夫
①対象施設の拡大	改正前は「公営住宅」だけに限られていたものを「賃貸住宅」に対象が拡大された。それにより，例えば公共の土地に公立の高齢者施設を整備しつつ，高齢者マンションを合わせて整備するなど，公共施設と合わせて民間収益施設を公共の土地に建てることができるようになった。
②提案制度の導入	それまではPFIは自治体が発案するだけで，しかも全国の自治体の1割程度しかPFI事業を実施していなかったが，民間事業者側からPFIを行うように発案することができるようになった。
③公共施設等運営権の導入	それまでのPFI事業は独立採算型が少なく，サービス購入型（P68参照）が大半だったが，公共施設等運営権の仕組みを導入することで，資金調達が円滑化し，民間事業者にとって，自由度の高い事業運営が行えるようになった。

（内閣府　民間資金等活用事業推進室「PFI法改正法に関する説明会　資料」（2011年）を参考に著者作成）

事業を，当時の安倍政権の新成長戦略の一環として，2020年までに10兆円以上に拡大することを目指すこととなりました。さらに，予定を前倒しする見通しがたったことから，平成25年～34年度の10年間の事業規模がそれまでの倍となる21兆円に引き上げられたことは先に述べたとおりです。

　その後，岸田内閣が経済財政運営と改革の基本方針2022（いわゆる骨太方針）の中で唱える新しい資本主義に向けた改革として，民間による社会的価値の創造が掲げられ，PPP/PFIが，新しい資本主義の中核となる新たな官民連携の取組みとして抜本的に強化されることになったのです。

PPP/PFIとは何か

　ここまで，あえて言葉の定義を明確にしないままにPPP/PFIという言葉を使ってきましたが，ここで一度立ち止まって「PPP/PFIとは何か」ということを整理しておきましょう。

　PPPとは，Public Private Partnershipの略語であり，「官民連携」もしくは「公民連携」と称されています。官（国）または公（地方自治体）が行うべき業務を民間事業者と連携して実施することで，民間ならではの創意工夫やネットワーク，資金供給力などを活かし，効率的・効果的で質の高い公共サービスを提供するためのさまざまな手法の総称です。第2章で詳細をご紹介するPFI（Privete Finance Initiative）は，本来はそうした多様なPPPの1つの手法なのですが，全国的にも実施案件数が多くPPP手法の中核をなすことから，PPP/PFIと並べて表現することが一般的となっています[7]。

　例えば，先に述べた「官から民へ」の時代に創設された「市場化テスト」[8]は，公共サービスについて，「官」と「民」が対等な立場で競争入札に参加し，質や価格の観点から総合的に最も優れた者がそのサービスの提供を担う仕組みであり，当初はPPPの一分野として取り上げられていたこともありました。しかし，一般的に施設整備を伴うものではなく，社会資本の維持更新や魅力的なまちづくりといった取組みとは性格が異なることから，今では，PPP/PFIの文脈で取り上げられることは多くはありません。

　一方，健康・福祉分野で取り上げられることの多いSIB（ソーシャル・インパクト・ボンド）やPFS（成果連動型民間委託方式）という仕組みも，一般的に施設整備を伴うものではありませんが，少子高齢化のなかで地域が抱える課題の解決に民間事業者のノウハウを活用する点や，予防的措置によって公共が将来負担する財政コストの削減につながることから，魅力的なまちづくりに通じるところが多く，PPPの文脈のなかで取り上げられることも珍しくありませ

7　PFIの件数が多いから，PFIをPPP/ PFIと称するというだけではなく，事業化可能性調査段階ではPFIとDBOのいずれを採用するかがわからないため，PPP/PFIと表記されていることも少なくないことにご留意いただきたい。

8　現在は，公共サービス改革と称され，公共サービス改革法に基づき総務省において引き続き検討が進められている。

ん。

　つまり，PPPとは，多様な手法の総称として用いる言葉であり，どういう課題解決を想定して取り上げるかによって，内容が微妙に異なることがあるのです。PPP/PFIという言葉を使いながら，実はすべてPFI事業だけを指しているという場合もあれば，PPP（公民連携）を幅広く公共と民間のパートナーシップととらえ，例えば，地元の自治会や市民団体が地方自治体と連携して公共的サービスを行う場合にPPPという言葉を用いる場合もあります。

　本書では，こうした幅広い使われ方も意識しつつ，人口減少時代の行政の財政難への解決策や社会資本の維持・更新，そして地域の課題解決やその先にある魅力的なまちづくりといった機能を発揮できるものをPPP/PFIとして表記することとします（同じ言葉を使うことで理解の煩雑さを避けるため，PFIとは関係がないPPP手法も，便宜上「PPP/PFI」と記載しています）。

　そのため，本書で扱うPPP/PFIは，ハードだけに着目しておらずやや広い概念でとらえているため，内閣府のPPP/PFIアクションプランで定義される手法よりもやや広いことにご留意ください。

主なPPP/PFI手法の全体像

　PPP/PFIにはさまざまな手法がありますが，それぞれの根拠法はバラバラで，機能や自由度も異なります。内閣府では，こうした多様なPPP/PFIを事業の仕組みや資金の流れに応じて4つの類型[9]に分けています。

　しかし本書では，PPP/PFIという言葉についてやや広い定義を採用していることもあり，実際に自治体職員が事業を発案する場面をイメージして，「新しい施設の整備を伴うもの」と，「既存の施設を活用するもの（転用含む[10]）」，さらに「施設視点とは異なる地域課題を解決するもの」という3種類に分けて，PPP/PFIの各手法をカンタンに整理してみましょう。

9　類型Ⅰがコンセッション事業，類型Ⅱが収益型事業，類型Ⅲは公的不動産利活用事業，類型Ⅳがサービス購入型PFI事業や包括的民間委託などのその他のPPP/PFI事業となる。
10　他にも，「公有土地の売却」といった，転用を伴わない施設廃止などもあげられる。

(3)　新しい施設の整備を効果的に行うためのPPP/PFI手法

　民間のアイデアやノウハウを活かして新しい公共施設を効果的に整備するための主な手法としては，PFIやDBO，民設民営などがあげられます。いずれも，自治体が施設の構造や施工方法など詳細な仕様を決めて発注する仕様発注方式ではなく，自治体は求めるサービス水準を示すだけで，民間事業者側がその水準を満たすための詳細を規定し提案する性能発注方式で行われます。

　なお，新規施設を整備する代わりに，他の施設を借り上げたり民間サービスに代替したりする方法（いわゆる，公共施設の非保有手法）を活用して施設整備と同じような効果を上げているケースもあるため，施設整備のための手法を検討する際の比較対象として役立つよう，あわせて取り上げます。

【図表1－6　新しい施設の整備を効果的に行うためのPPP/PFI手法】

PPP/PFI手法	概要や特徴
PFI (P. 59)	PFI法に基づき，いったん民間資金を活用し，民間事業者に設計・建設・維持管理・運営などの施設整備や公共サービス等を委ねる手法。性能発注及び一括発注で行われるため，民間事業者のアイデアやノウハウが発揮しやすい。 　公共は，民間が拠出した資金の一部または全部を，長期にわたり分割払いで返済することとなるため，従来型の公共工事に比べ，財政平準化が図れるというメリットも大きい。
DBO/DB (公設民営) (P. 59)	PFI法に準じる形で，設計（D）・建設（B）・運営や維持管理（O）を民間事業者に性能発注・一括発注で委ねる手法。 　設計＋建設＋運営・維持管理はDBOとなり，庁舎や学校といった民間事業者による運営が必要とされない場合はDBとなる。 いずれも資金調達は自治体が行うこととなるため，PFIのような財政平準化の効果はないが，自らの資金調達が必要ではないため，民間事業者は参入しやすいというメリットがある。

定期借地権を活用した民設民営 (P. 73)	公有地に定期借地権を設定[11]し，公共が土地を所有したままで，民間事業者がそれを活用して，施設整備や事業運営を行う手法。公的不動産を活用するために，PRE（Public Real Estate）戦略といった呼び方をすることもある。 公共施設と民間収益施設を組み合わせ，民間収益施設の利益の一部を充当することで公共施設の建設費を低減したり，民間収益施設だけを設置する場合でも，公共的な機能を持つ空間を組み合わせるなど，地域特性と民間事業者の個性により，多彩な施設が生み出されている。
リース方式 (P. 78)	民間事業者が設計・建設した公共施設をリースとして公共が借り受け，公共がリース料を支払う契約の仕組み。PRE戦略の一手法であり，また，「公共施設の非保有手法」の1つとして，内閣府にも取り上げられている[12]。 学校や庁舎など建物整備に使われることが多かったが，最近は公共駐車場といった一部運営が必要な場合にもリース方式を導入するケースもある。 発注手続きや発注までの期間が短いため，建替期間中の学校や病院などのテンポラリーな利用も可能であり，公共としては初期投資を抑え，費用を平準化できるメリットもある。
施設借り上げ方式	新規施設を整備する代わりに，民間が所有する既存施設の一部を公共が借り上げる方式で，総合スーパーの一部を借り上げて子ども用の屋内公園を開設するなど，庁舎や教育関連施設など多様な分野で導入されている。公共施設の非保有手法の1つ。 公共は，事業期間中，民間に賃料を支払うこととなるが，施設整備に比べると財政平準化効果は大きく，事業の推移に応じた柔軟な運用も可能である。 PPP/PFIの効果の1つである「民間のビジネス機会の拡大」は見込みにくい手法となるが，地域によっては，テナントビルの空床に苦しむ地元事業者の支援策としての効果も期待できる。

11　本書では，単純な公有地の払下げとの混用を防ぐために，定期借地権を利用した土地貸付のスキームを紹介しているが，他にも公有地を売却し土地・建物ともに民間事業者の開発に委ねるタイプの案件なども全国に見受けられる。

12　内閣府 民間資金等活用事業推進室「公共施設の非保有手法に関する調査・検討について」（令和元年）など

民間サービス による代替	学校のプール授業を民間のスポーツジムで行うなど，公共サービスの提供を，民間の施設・サービスを活用して行う方式。公共施設の非保有手法の1つ。 　民間は，当該施設で，民間事業としてのサービス提供も行うことが一般的であり，公共事業なのか民間事業なのかは，時間帯によって区分しているケースなどが見受けられる。 　公共は，施設使用・サービス提供に対する対価を民間に支払うこととなるが，施設整備に比べると財政削減効果は大きい。 　なお，事業運営に際し，公共が関与できる余地が少ないため，公共サービスとして提供する意義やサービス品質の維持については，継続的に検討することが必要であろう。

（著者作成）

⑷ 既存施設を効果的に活用するためのPPP/PFI手法

　新しく一から施設を整備するのではなく，何らかの既存施設を効果的に活用するためのPPP/PFI手法を以下で整理しています。

　ここでいう「活用」には，事業・イベントの実施や諸室の貸出しといった運営業務だけではなく，修繕や更新などの維持管理業務も含むことから，指定管理者制度や設置管理許可制度，Park‐PFI（公募設置管理制度），RO方式のPFI，コンセッション（公共施設運営権）に加え，ウォーター PPPや包括的民間委託なども，既存施設を効果的に活用するための手法として挙げられます。

　なお，厳密にはPPP/PFIの手法ではありませんが，既存施設の利活用の文脈で取り上げられることが多かった，セール＆リースバックやコンバージョンなども，用語紹介を兼ねてあわせて取り上げています。

【図表１－７　既存施設を効果的に活用するためのPPP/PFI手法】

PPP/PFI手法	概要や特徴
指定管理者制度 (P. 83)	地方自治法に基づき，もっぱら住民が利用する「公の施設」を対象として，施設運営や維持管理などの公共サービスの提供を，管理者に指定した事業者に委ねる手法。 　利用者が支払う料金を指定管理者の収入とすることができる「利用料金制度」[13]を採用することも可能なため，利用者増加や施設貸出増加が指定管理者の収入増加につながるという，インセンティブ要素を取り入れることができる。 　地方自治法に詳細な規定はなく，具体的な制度運用は地方自治体に任されているため，地域実態に即した運用が行いやすい。

13　利用料金制度の詳細は，50頁参照のこと。

設置管理 許可制度 （P.96）	都市公園法に基づき，公園管理者（つまり地方自治体など）以外の者が都市公園に何らかの施設を設置し，または施設を管理することについて，公園管理者が与える許可のこと。 　設置許可と管理許可の総称として，設置管理許可という。 　民間事業者が都市公園内に売店やレストラン等を設置し，管理できる根拠となる規定であり，全国で導入が進んでいる。
公募設置管理 制度 （Park−PFI） （P. 96）	都市公園法の改正により導入された制度で，民間事業者がカフェや売店などの収益施設の設置や管理を行い，その収益の一部を，園路やトイレなど，公共部分の維持管理に充当することで，公園全体の利便性や魅力の向上と安定的な施設運営を可能にする制度である。Park−PFIを導入すると，上述の設置管理許可に対し，期間や建ぺい率，占有物件などで特例措置が受けられるため，全国での導入件数も増加しつつある。 　今後は，港湾や河川，漁港などでも，Park−PFIと同様の発想でにぎわい空間が創出されることが期待されている（なかでも，港湾法の改正に基づく「みなと緑地PPP」は多くの港湾で導入検討が始まっている）。
PFI　RO方式	ROとは，Rehabilitate（改修・補修）Operate（運営）の略で，PFIの一種。 　文字どおり，PFIとして民間資金を活用しつつ，既存の施設を改修・補修し，管理運営を行う方式であり，他のPFIと同様に性能発注及び一括発注で行われるため，既存施設の魅力を高めるための民間事業者のアイデアやノウハウが活かしやすい。
公共施設運営 事業（コンセッション） （P. 104）	PFI法の改正によって導入された制度で，「利用料金制度」を導入している施設を対象に，公共施設の運営権を設定し，大規模改修を含む維持管理や運営などを長期にわたって委ねることで，独立採算型の自由度の高い運営を可能とする制度。 　対象は，公の施設に限定するものではなく，空港や道路，水道，MICE施設，クルーズ船向け旅客ターミナル施設など，大型のインフラなども含まれる。 　厳密には仕様発注となるため思い切った施設改修などが行いにくい指定管理者制度[14]に比べ，民間事業者のアイデアやノウハウを活かした運営が行いやすい。

14　定義としては上表のとおりとなるが，指定管理者制度も後述のとおり，制度設計の工夫次第で自由度が増す。

包括的 民間委託 (P. 108)	従来は細かく個別に仕様発注していた公共施設の維持管理業務等を，複数年契約で一括して性能発注とすることで，複合的に民間事業者に委ねる方式。包括委託，包括的外部委託，といった言い方をする場合もある。 　同種の複数業務だけではなく，学校や道路，公園の管理など，複数の所管にまたがる施設を包括的に委ねることもできる。 　包括的民間委託を導入しても，必ずしも業務そのものが減るわけではないため，大幅なコスト削減が期待できるとは限らないが，管理品質の向上や公共側の発注コストの低減という効果への期待が高まっている。 　契約の一形態であり，特別な根拠法があるわけではないが，下水道分野などではガイドライン[15]も整備されており活用が進んでいる。
ウォーター PPP (P.113)	全国で老朽化が進む水道，工業用水道，下水道を対象に，管路をはじめ水道施設の管理と更新を一体で，長期契約で民間事業者に委ねる方式の呼称。 　管理・更新を長期で包括的に委託する管理・更新一体マネジメント方式と公共施設等運営事業（コンセッション）を合わせてウォーターPPPという。 　それぞれの自治体の状況に応じ，段階的にコンセッションへ移行していくことを視野に，2023年度（令和5年度）改定の内閣府「PPP/PFI推進アクションプラン」において具体的に提唱された。
セール& リースバック	既存の公共施設をいったん民間事業者に売却（セール；sale）し，民間事業者がその既存施設を改修・改築した後に，改めて公共が民間とリース契約を締結する（リースバック）ことで，公共サービスを継続的に提供する方式。公有地を民間に売却し，そこに民間が施設を整備してリースの対象とするような，施設整備の場面でも採用されることがある。 　公共は，リース料を支払うこととなるが，施設が民間の所有となるため，既存施設の売却費という臨時収入に加え固定資産税を徴収することができる。 　PRE戦略の1つの手法であり，公共施設の非保有手法の1つにも位置づけられるが，メリットの理解がやや難しく，過去に公有財

15　国土交通省 水管理・国土保全局 下水道部「下水道管路施設の管理業務における包括的
　　民間委託導入ガイドライン」（令和2年3月）

	産の売却が地方自治法に抵触する疑義[16]が出された事案もあり，案件数が大幅に伸びているとはいえない。
コンバージョン	既存の公共施設の用途を変更し，それまでとは異なる新たな価値を付け加えることで施設を再生させること。PRE戦略の1つに位置づけられるが，実際には「施設転用」の意味で使われることが多く，コンバージョンを通常の民間委託で行ったり，PFIで行ったりするなど，利活用の手法ではなく，「施設機能の思い切った変革」を意味する言葉として使われることが多い。 　廃校活用などで積極的に取り組まれており，インキュベーション施設や宿泊施設のほか，工場，畑，魚の養殖場，ドローン教室など，創意工夫を凝らした多彩なコンバージョン事例が，全国で増えつつある。 　詳細は，文部科学省の「みんなの廃校」プロジェクト[17]などで詳しく見ることができる。

（著者作成）

16　地方自治法では，238条3項において，地方公共団体が所有する財産について「行政財産」と「普通財産」に分類し，「行政財産」については，同法238条の4第1項において，一定の場合を除いて「貸し付け，交換し，売り払い，譲与し，出資の目的とし，若しくは信託し，又はこれに私権を設定することができない」と定められており，売却を含めて処分することが厳しく制限され，これに反する行為は無効とされている。

17　文部科学省が「〜未来につなごう〜『みんなの廃校』プロジェクト」を積極的に展開しており，事例集なども豊富に公表されている。(https://www.mext.go.jp/a_menu/shotou/zyosei/1296809.htm)

⑸　地域が抱える課題を効果的に解決するためのPPP/PFI手法

　ここでは，地域が抱える課題を，公共だけでは思いつかなかったような民間ならではのアイデアやノウハウを活かした，新しい視点で解決するための主な手法を整理しています。

　PFS/SIBや指標連動方式などに加え，実例は全国で少しずつ展開されてきたものの言葉としては最近導入されはじめたスモールコンセッションやローカルPFIのほか，公共施設という「点」ではなく，まちづくりというより広い視点から「面」として，民間のアイデアを活かすことができる，都市公園リノベーション協定制度なども紹介しています。

【図表1－8　地域が抱える課題を解決するためのPPP/PFI手法】

PPP/PFI手法	概要や特徴
PFS/SIB （成果連動型民間委託契約方式） （P. 122）	公共が解決を目指したい社会的課題があるものの，まだ，解決策が明確には固まっておらず，一部の民間事業者が持つスキルやノウハウが活用できるかもしれないといった場合に，一定の「成果指標」を設定したうえで民間事業者に委託し，設定した成果指標の改善状況に連動して，民間事業者への支払額を変動させる方式[18]。一般的に施設整備や維持管理といったハード事業は伴わずソフト事業となる。 　PFSの一類型として，最初の資金拠出を金融機関や投資家等が行う場合を，SIBという。 　費用対効果の関係性が明確で，ワイズスペンディング（賢い予算支出）やEBPM（証拠に基づく政策立案）に資する手法である。
指標連動方式/AP（P.131）	PFIや包括的民間委託などにおいて，公共が求めるサービス水準を「指標」として設定し，サービス対価の一部または全部が，その

18　契約形態の一種という位置づけとなる。

指標連動方式/ AP (P.131)	指標の達成状況に応じて決まる方式。アベイラビリティ・ペイメント（AP；Availability Payment）とも呼ばれる。 　性能発注を前提とし，公共から民間事業者に対しサービス対価が支払われる事業において採用できるため，上記のPFS/SIBとは異なり，基本的にハードを伴う事業が対象となる。 　モニタリングルールを適切に設定することで，公共サービスの確実な実施が期待できることから，採用事例が増えつつある。
スモールコンセッション (P.136)	自治体が取得・所有する空き家や遊休不動産などの既存施設を活用した小規模なコンセッション事業を表す言葉。地域の小規模な資源を効果的に活用したまちの魅力向上という新分野として，令和5年度改定のPPP/PFI推進アクションプラン（内閣府）において示された。 　スモールコンセッションという言葉が示される前から事例は全国に点在しており，地元企業が活躍するケースが中心である。
ローカルPFI (P.138)	地域企業の参画や地域産材の活用，地域人材の育成など，PPP/PFIが地域社会に多くのメリットをもたらすことを表現した言葉で，手法そのものは他のPPP/PFIと同じとなる。 　PPP/PFIの地域経済社会への効果をより明確にするための言葉として，令和5年度改定のPPP/PFI推進アクションプラン（内閣府）において示された。 　スモールコンセッションとは異なり，規模の大小は関係なく，地域にもたらす効果・メリットという側面に力点が置かれている。
都市公園リノベーション協定制度 （公園施設設置管理協定） (P.140)	Park−PFIと同様に，都市公園の管理運営をまちづくり会社などに任せ，収益施設（滞在快適性向上公園施設）から生じる収益を，園路などの公共部分（特定公園施設）の管理に一部充当することで快適性を図る制度。 　都市再生特別措置法に基づく制度で，市町村が，都市再生整備計画を策定する際に，滞在快適性等向上区域（通称：まちなかウォーカブル区域）を設定することで，本事業が実施できる。
一体型ウォーカブル事業 （一体型滞在快適性等向上事業） (P.144)	自治体と民間が連携して公共の土地と民間の土地を一体的に整備し，オープンカフェとして活用したりイベントを行ったりすることで，滞在したくなるような居心地のよい空間を作り出す制度。 　上記同様に，都市再生特別措置法に基づく制度で，滞在快適性等向上区域（通称：まちなかウォーカブル区域）を設定することで，本事業が実施できる。

ほこみち制度 （歩行者利便増 進道路指定制 度） （P. 146）	2020年に道路法が改正され創設された制度で，道路を歩行者のための利便増進空間とし，オープンカフェなどを配し，魅力的な空間として活用するための制度。 　道路管理者（地方自治体など）が区間を定めて利便増進誘導区域を指定し，道路の占用許可基準の緩和や占有期間の延長などの導入を可能としたうえで，民間事業者からの歩行者利便増進計画の提案を受けることで，民間ノウハウを活用して道路に賑わい空間を創り出すことが期待できる。

（著者作成）

※上記のうち，指標連動方式/APは，本来は，他のPPP/PFI手法と合わせ技で活用することがあり，「地域が抱える社会的課題」に限定したものではないが，PFS/SIBとの違いを際立たせるため，こちらに分類していることをご了承いただきたい。

　PPP/PFIの主な手法は上記のとおり[19]ですが，あくまでも現段階のものであり，かつ，手法の違いを明確にするために特徴を定義づけたものにすぎません。

　そのため，例えば，一般的には大規模投資には不向きな指定管理者制度が，大阪城公園の再生手法として活用され魅力的な空間創出に活用されていたり，Park－PFIと指定管理をうまく組み合わせることで大規模な公園施設を効果的にうまく一本化して民間に委ねていたり（後述121頁参照）など，ご紹介した手法解説の範囲にとどまらない，柔軟な活用が広がっていることにご留意ください。

　そうした，創意工夫を凝らした大胆な手法の活用こそ，PPP/PFIの魅力の1つであり，醍醐味であるともいえるでしょう。

19　上記のほかに，ESCO事業なども地域が抱える課題を効果的に解決するためのPPP/PFI手法として挙げられる。

(6)　PPP/PFIを活かすための施策

　上記の各手法を活かすために行われているさまざまな施策も，PPP/PFIの一手法と混同して紹介されることがあります。いずれも，PPP/PFIに取り組むうえで頻繁に使われる言葉であり，実際にPPP/PFIに取り組む際に必要となる基礎知識にあたるため，ここで整理しておきましょう。

①　PPP/PFIプラットフォーム

　プラットフォームというと，最初はどうしても駅を思い浮かべるかもしれませんが，ビジネス分野におけるプラットフォームとは，「情報や意見が行き交い，何からのサービスなどを生み出す共通の土台や基盤」を表します。PPP/PFIの領域においても，自治体や民間事業者などが集まって情報交換を行い，PPP/PFIの案件形成を含む，地域社会の課題解決について検討する仕組みが活用されています。

　PPP/PFIに関するプラットフォームは，目的やメンバー構成，位置づけなどによって，次の3種類に分けることができます。PPP/PFI事業への取組みを検討している地方自治体や民間事業者は，これらのプラットフォームに参加することで，意見交換や情報収集の機会を確保することが可能となります。

【図表1-9　PPP/PFIプラットフォームのいろいろ】

PPP/PFI手法	概要や特徴
地方ブロックプラットフォーム	国土交通省が，内閣府と連携して設置しているもので，9つの地方ブロック（北海道，東北，関東，北陸，中部，近畿，中国，四国，九州・沖縄）に設置した産官学金からなる「地方ブロックプラットフォーム」において，PPP/PFIに関する情報・ノウハウの横展開を図っている。

PPP/PFI地域プラットフォーム（単に協定プラットフォームということもある）	内閣府及び国土交通省が協定に基づき支援するもので，地域の産官学金が集まって，PPP/PFI事業のノウハウ取得や官民対話を含めた情報交換等を行う場。PPP/PFIに対する理解度向上のためのセミナーや企画力・提案力・事業推進力の向上を図る意見交換などを積極的に展開。 　2022年度は全国で32の地域プラットフォームが，両省と協定を締結し活動している。
公民連携プラットフォーム（単に地域プラットフォームということもある）	さまざまな地域課題の解決を目指して，地域の産官学金が集まり意見交換を行う場。PPP/PFI（狭義）にかかわらず，自治体や地域団体などが抱えているさまざまな問題を共有し，解決のためのアイデアを話し合うというスタイルをとることが多い。 　上記の「協定プラットフォーム」のように国との協定等に基づく位置づけではないが，地方自治体や地域金融機関等が主催する形で，全国で展開されている。

（内閣府や国土交通省の資料などに基づき著者作成）

【図表1−10　地方ブロックプラットフォームの構成都道府県】

ブロック	構成都道府県
北海道ブロック	北海道
東北ブロック	青森県，岩手県，宮城県，秋田県，山形県，福島県
関東ブロック	茨城県，栃木県，群馬県，埼玉県，千葉県，東京都，神奈川県，山梨県，長野県
北陸ブロック	新潟県，富山県，石川県
中部ブロック	岐阜県，静岡県，愛知県，三重県
近畿ブロック	福井県，滋賀県，京都府，大阪府，兵庫県，奈良県，和歌山県
中国ブロック	鳥取県，島根県，岡山県，広島県，山口県
四国ブロック	徳島県，香川県，愛媛県，高知県
九州・沖縄ブロック	福岡県，佐賀県，長崎県，熊本県，大分県，宮崎県，鹿児島県，沖縄県

出典：国土交通省「地方ブロックプラットフォームの構成」

【図表1-11　PPP/PFI地域プラットフォーム（協定プラットフォーム）のイメージ】

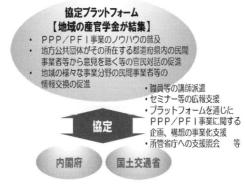

出典：内閣府「PPP/PFI地域プラットフォームの協定制度」

② サウンディング/トライアル・サウンディング

　PPP/PFIを効果的に実施するには，案件の発案段階において市場性（主として民間事業者の参入可能性）の有無を確認したり，実現性が高い事業スキームに関するアイデアなどを幅広く民間事業者から聞き取り，それらの意見を事業に反映させたりすることが望まれます。

　そうした公共と民間の対話の場を「サウンディング」（官民対話）といい，先にあげたブロックプラットフォームや地域プラットフォーム，さらには自治体単独主催でも開催されています。PPP/PFIの何らかの案件に携わりたい方は，国土交通省やプラットフォーム事務局のホームページなどで募集状況を確認すると役立つ情報が得られるかもしれません。

　なお，自治体単独主催のサウンディングは概ね図表1-12のような流れで行われます。民間のアイデアを引き出すために情報をできるだけ詳細に開示することと，どういう顔ぶれの民間事業者を集められるかということが，サウンディングの成否を左右すると言われているため，きめ細かく運用することが求められます。

【図表1−12　サウンディングの流れとポイント】

運営方法などの検討	・実施要領の作成と受付方法の検討・整理 ・意見を求めたい事項に関する詳細な情報説明資料の作成 ・来庁かオンラインか，集合か個別かなど設営方法を検討 ・参加者へのインセンティブ付与の有無について検討
実施要領の公表と募集開始・申込対応	・実施要領及び申込用のエントリーシートの公表 ・自治体ウェブサイトに加えプレスリリースなどで幅広く周知 ・日時・会場を調整し，事前に情報説明資料を送付

（必要に応じ）　現地見学会／現地説明会　の開催

対話の実施	・民間からの提案事項の知的財産保護に十分留意 ・提案書の提出を求める場合と，自由に意見交換する場合がある（前者の場合，負担軽減に留意）
対話結果の公表	・対話結果の概要を作成し公表可否について参加事業者に確認 （結果詳細は知的財産保護のため公表しないことが多い） ・確認結果を反映しウェブサイトで公表

（内閣府の資料などを参考に著者作成）

　一方，トライアル・サウンディングとは，対話を行う場ではなく，PPP/PFIの市場性や継続可能性を確認する "お試し期間" のようなもので，民間事業者に検討対象となる公共施設を暫定的に使用してもらい，民間事業者が提案しようと思っている収益事業を，試験的に実施する機会を提供することです。

　公園での臨時の飲食提供ブースやアウトドア体験イベントなど地域住民向けの参加型事業が実施されることが多く，短ければ1日だけ，長ければ1カ月以上にわたって，お試しとして事業が実施されます。

　対象施設において，予定している事業を実際に実施してみることで，民間事業者側は想定される利用者数や費用などの市場性やニーズを確認でき，自治体側は，それらを勘案した参画条件や公募条件といった本格実施に向けて整理すべき課題を把握することが可能となるのです。

【図表1−13 トライアル・サウンディングの全国事例】

団体	対象施設	募集時期 (実施可能期間)	1提案に対する 使用期間	実績
常総市	水海道あすなろの里	H31.4.1 〜R2.3.31	市が許可した 期間	「かけっこキャンプ」等 4件
津山市	グリーンヒルズ 津山	R1.8.5〜R3.3.15	1日〜1カ月程	トレーニングイベント (1日間),子どもを対象 とした遊びイベント(ひ みつ基地等)(1日間)
富山市	富山城址公園	R1.8.9〜9.20 (R1.10.16 〜12.27)	1〜14日	終日ピクニックイベン ト(2日間),冬のアウト ドアイベント(3日間)
須坂市	臥竜公園	R1.9.3〜R2.2.1 (R1.10.1 〜R2.3.31)	1日〜1カ月程 (土日祝日のみ可)	飲食提供を伴うイベン ト,アウトドアキャン プのワークショップ
南城市	南城市庁舎等 複合施設	R2.2.18〜12.28	1日〜1カ月程	朝ヨガ,相談ブース, フリーマーケット等9 件(R2.7時点)
沼田市	サラダパークぬまた, 天狗プラザ	R2.6.9〜R3.2.28	1日〜1カ月程	—
郡山市	開成山公園	R2.8.3〜9.4 (R2.10.1〜10.31)	協議の上,決定	—

出典：国土交通省「官民対話のすすめ」（令和2年）

③ ロングリストとショートリスト

　いずれも元々は，営業活動のターゲット選定やM&Aの候補先選定といった場面で使われてきた言葉で，「ロングリスト」とは候補先になりそうなところを幅広く選定したもので，「ショートリスト」とはその中から一定の条件に基づいてさらに精度を上げて絞り出した候補先を表す言葉です。

　PPP/PFIにおける「ロングリスト」とは，公共施設の整備や維持管理，運営や公的不動産の利活用といった案件のうち，「将来的に何らかのPPP手法導入の可能性がある主なものを広くとりまとめたリスト」ということになります。

　一方の「ショートリスト」とは，ロングリストの中からPPPによる事業化の

方向性が決まり，具体的に事業手法の検討調査などが行われている事業を集めたリストであり，コンサルタントに事業化可能性調査を委託するなど，公募に向けた何らかの準備を行っている事業となります。

案件がPFIの対象とは限らないため，PPPロングリスト・PPPショートリストという言い方をしますが，これらのリストを見ていると，今後自治体がどのような案件を事業化する予定かがわかるため，PPP/PFIへの参画に興味がある民間事業者は，ウォッチしておくと計画的な準備に役立つと思われます。

④ 民間提案制度/6条提案制度

民間提案制度とは，行政サービスの効率化や地域課題の解決にむけて，民間独自のアイデアやノウハウを活かした提案を受けつけ，行政と民間とのコラボレーションにより，優れた公共サービスの創出を目指す制度です。

自治体の創意工夫によって，さまざまな提案制度のスタイルがありますが，ここではPPP/PFIのきっかけとして活用が検討されることが多い自治体が独自の工夫で運用している「民間提案制度」と，PFI法6条に基づきPFI事業について発案できる，いわゆる「6条提案制度」を取り上げます。

ⅰ）民間提案制度

特にテーマを決めずに民間事業者や市民団体などから自由なアイデア提供を求める場合と，公共側が提案を求めたいテーマを設定しアイデアを求める場合があり，いずれの場合も，提案内容が特定団体を利するものではなく地域が抱える課題解決に資することや行政に新たな財政負担が生じないこと[20]（最終的に大きな財政的効果をもたらす場合は，一時的な財政支出を伴う提案を排除するものではない）といったことが共通の要件となっているのが一般的です。

こうした民間提案制度に基づく提案が採択されたケースは，全国で117団

20　新宿区や先に述べた足立区など，「新たな財政支出が生じないこと」という要件がなく，必要に応じて予算措置がなされるという制度を採用している自治体もある。

体[21]に上りますが，民間提案制度を有効なツールとして活用し続けるには，民間事業者から優れた提案が集まってくる環境を整備することが重要です。

　そこで，提案をうけて事業化する際の公募において，評価に加点をするといったインセンティブを設ける場合のほか，図表1－14のような独自の創意工夫に取り組む自治体も増えてきています。

【図表1－14　独自の工夫を取り入れた民間制度の事例】

独自の工夫例	自治体名（制度名など）
提案をうけ，審査を通過して協議が整えば，随意契約として採用。	流山市（事業者提案制度）／徳島市（民間提案制度）／福井市（財産有効活用民間提案制度）　など
部局横断的なワンストップで提案しやすい窓口の設置。	桑名市（公民連携ワンストップ対話窓口：コラボ・ラボ桑名）　など
行政側から提案してほしいテーマを提示したり，先に述べたPPPロング・ショートリストを公開し提案を募集。	川崎市（テーマ型民間提案），福岡市（ロングリストに基づく民間発案[22]）　など

（著者調べ。いずれも，2023年9月末現在）

ⅱ）6条提案制度

　平成23年度のPFI法の改正により生まれた提案制度で，平たく言うと，民間事業者側から自治体に対し，PFIを活用した事業を発案できる制度です。

　PFI事業を発案するのですから，民間事業者には，実施方針の案やVFM評価の結果など，技術的な資料を提出することが求められ，提案を受ける自治体側も，速やかに提案内容を検討して採用・不採用を通知することが求められます。

　提案する手間が相当かかるわりに採択されるとも限らず，全国での実績件数も1ケタということもあって，令和4年10月には，「公共調達における民間提案を実施した企業に対する加点措置」に関する通知が出されました。これは，

21　内閣府「PPP/PFI事業　民間提案推進マニュアルについて」（令和4年）に基づく。
22　福岡市では，ショートリストに基づく6条提案制度も活用されている。

【図表 1 - 15　6 条提案制度の流れ】

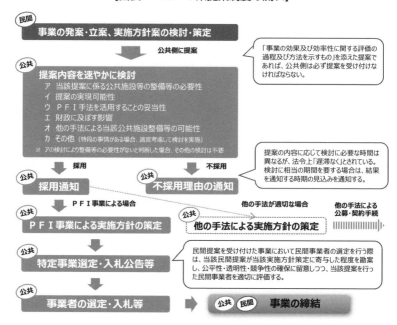

出典：川崎市「川崎市の民間提案制度について」

　民間事業者からの提案が採用されPFIとして公募する場合，評価点の５％～10％を提案した民間事業者に加点する[23]といった，提案事業者に対するインセンティブの付与をルール化するものです。

　以前国が行った民間提案制度に関する調査[24]では，この６条提案制度に対するインセンティブとして「30％程度いただきたい」という声もあるなかで，今後，これらの民間提案制度や６条提案制度がどのように活用されていくのか，各自治体の試行錯誤や創意工夫は，これからも続いていくことになりそうです。

---

[23]　特定事業選定時のVFMが10％の場合。この５～10％というのはあくまでも例であり，実際には案件の性質に応じて設定することとされている（「公共調達における民間提案を実施した企業に対する加点措置に関する実施要領」（内閣総理大臣決定）より）。

[24]　内閣府「民間提案制度に関する調査・検討について」（令和元年）

(7)　違いがわかりにくいPPP/PFIの基本頻出ワード

　PPP/PFIの手法の説明とは異なるものの，初めてPPP/PFIに応募する民間事業者のコンサルティングの現場で，「実は，この違いがわからない」とコッソリ相談されることが多い基本頻出ワードを簡単にご紹介しておきましょう。

①　「コンソーシアム」と「SPC」

　コンソーシアム（英：consortium）とは，ラテン語でチームやパートナーを意味するconsorsを語源としており，共同で何らかの目的に沿った活動を行う2つ以上の企業や団体などから成る「共同事業体」を表す言葉です。

　PPP/PFIの分野における「コンソーシアム」とは，「一緒に応募するグループ」とほぼ同じ意味で用い，グループのリーダーとなる代表企業と，グループのメンバーとなる構成企業，さらにグループを支援する協力企業の三者から成り立っています。

　このうち，後述のSPCの組成が必要な案件では，代表企業と構成企業はSPCに出資をして株主となります。言い換えると，設計や建設，運営，維持管理など，何らかの事業分野を担うけれども株主とはならない企業は，協力企業という位置づけになります。

　コンソーシアムは，応募準備においてさまざまな情報を共有することになるため，通常は，守秘義務を兼ねて協定を締結し（つまり協定書を作成し），ライバルグループに組しないルールなども明確にしておくことが一般的です。また，この協定書には，選定後に組成することになるSPCの出資割合なども明記しておくことになるため，SPCを本当に組成する意思があるかを把握するために，PFIなどの応募に際して協定書の提出を義務としている自治体もあります。

　なお，PPP/PFIの経験がない地方企業が，この「出資」という言葉にとまどっている場面を見かけますが，選定事業者が決定するまではSPCはまだ存在しないこととなるため，応募段階で出資が必要というわけではありません。

　また，SPCの資本金（つまり代表企業と構成企業を合わせた出資額）は，1,000万円〜3,000万円くらい[25]ということが多いため，選定後に必要となる1社あたりの負担額は，せいぜい数百万程度ということになります。

　SPC（英：Special Purpose Company，特別目的会社）とは，名前のとおり，特定の目的のためだけに作られる会社で，他の事業は行わない，いわばペーパーカンパニーです。

　PPP/PFIの分野における「SPC」とは，先に述べたとおり，コンソーシアムの代表企業と構成企業[26]が出資して新たに設立する法人を指しており，基本的に，事業年数が長く必要調達金額も大きいPFIにおいては，設立が必須とされています[27]。

　なぜ，SPCという仕組みを活用するかというと，代表企業や構成企業とは別の法人格となるSPCが，自治体との契約を行ったり，金融機関からの融資を受けたりすることで，仮に，出資を行い実務も担っている代表企業や構成企業が倒産しても，その代表企業や構成企業を変更することでSPCそのものは存続でき，事業の継続が可能だからです。

　設計・建設・運営・維持管理の各業務も，図表1−16のとおり，SPCが契約に基づいて各企業に任せリスクを負わせることで，SPCにはリスクが残らないようにします（これを，リスクのパススルーと言います）。なんだか，SPCだけ特別扱いされているような仕組みですが，このようにSPCが抱えるリスクをできる限り排除することで，事業の継続性を高めているのです。

25　これはあくまでも一般的な金額。実際には，案件規模やコンソーシアム（特に，代表企業となる後述のゼネラルプレイヤー）の戦略によって，かなり幅がある。

26　正確には，SPCを構成するメンバーのことを「構成企業」というため，SPCに出資するすべての企業が構成企業であり，それらの企業のチームリーダーとなる企業が構成企業の中の代表企業という位置づけとなる。

27　言い換えると，最初から公共が負担するため金融機関からの資金調達が必要ではないDBO案件などでは，設立が必須とはされていないという場合も少なくない。

【図表1-16　PFIのスキーム図】

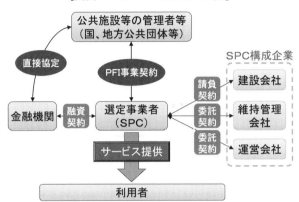

出典：内閣府「PFI法改正法に関する説明会」資料

　なお，SPCはできたてほやほやのペーパーカンパニーであり，金融機関から借入を起こす際の担保力となる資産や信用力がありません。そのため，後述のPFIの解説で取り上げているとおり，プロジェクトファイナンスという仕組みを使うことが一般的になっています。

②　「公募型プロポーザル」と「総合評価一般競争入札」

　PPP/PFIを活用して民間事業者を選定する際は，民間事業者の専門性や提案力などが大きな評価要素となるため，価格だけで決まる一般競争入札ではなく，「公募型プロポーザル[28]」や「総合評価一般競争入札」といった選定方法が採用されるのが一般的[29]です。

　応募する民間事業者にとって，準備プロセスに大きな違いはありませんが，

28　プロポーザル方式には，発注者が選定する限られた事業者から提案を募る「指名型」もあるが，PPP/PFIでは，公募型が採用されることが一般的である。

29　こうした地方自治体の契約手続きの詳細は地方自治法施行令に定められているが，公募型プロポーザルは，同施行令上の随意契約の一手法（167条の2）となるため，条文上に文言として「公募型プロポーザル」という言葉が記載されているわけではないので留意のこと。なお，総合評価一般競争入札は167条の10の2に規定されている。

たまにたずねられる「なぜ案件によって「入札説明書」や「募集要項」と，呼び方が違うの？」という疑問に応えるためにも，違いを簡単にみておきましょう。

「公募型プロポーザル」とは，文字どおりプロポーザル（提案）を公募で受けつける選定方式で，指定管理者制度やPark‐PFI，包括的民間委託などで活用されています（公募の要項を示した書類を，通常「募集要項」と言います）。

あらかじめ示された評価基準に従って最優秀提案書を特定した後で，その提案者との間で契約を締結する方式であり，法的な位置づけは随意契約の一種となります。入札ではないため，価格評価を重視しないような評価基準，例えば，「実施体制や提案される管理方法，サービス内容の審査配点が全体の9割を占める」といった，提案重視の思い切った選定基準[30]を設けることも可能です。

地方自治体が日常的に行う業務委託の業者選定に用いられている方式のため，総合評価一般競争入札に比べると自由度が高く，例えば総合評価一般競争入札方式で求められる学識経験者の関与などが法的に必須ではありません。そのため，これから案件の増加が想定される，ローカルPFIやスモールコンセッションなど，小規模な案件や地方[31]の案件での活用が多くなるかもしれません。

「総合評価一般競争入札」とは，価格だけではなく，さまざまな要素を総合的に評価する入札方式で，特にPFIで活用されています（そのため，「募集要項」という言葉ではなく「入札説明書」という言葉が用いられます）。

特にPFIで活用されている理由は，平成12年に国から示された「地方公共団

30　ただし提案内容の実現性が疑わしい低廉な金額による応募をなくすために，「提案金額の妥当性」を評価基準に加えることは望まれよう。なお，価格点の配分は自治体によってかなり違いがあり，例えば指定管理者制度であれば，価格点は10％未満～50％超と幅がある。

31　便宜的に地方と記載したが，地域に関わらず都道府県及び政令指定都市は，WTO政府調達協定により，一定額以上のPFI事業では，総合評価一般競争入札が必須となるため公募型プロポーザル方式を活用できないことに留意されたい。政府調達協定の基準額（邦貨換算額）は2年ごとに見直されており，例えば2023年現在における建設サービスの基準額は22億8,000万円となる。詳細は，外務省のウェブサイトで確認のこと。https://www.mofa.go.jp/mofaj/annai/shocho/chotatsu/kijyungaku.html

体におけるPFI事業について[32]」にあり，そこではPFI民間事業者の選定にあたっては，総合評価一般競争入札によることが原則とされています。ただ，全国的には公募型プロポーザルの採用事例も多く，国土交通省の先行事例などでも，公募型プロポーザル方式を採用したPFI事業もたくさん紹介されています。

　総合評価は文字どおり，価格に関する要素[33]と価格以外の要素（施設計画や運営計画，事業収支計画，業務体制，リスク管理方針など）を総合的に評価する方式です。以前は「価格以外要素÷価格要素」の除算方式が多かったのですが，この方式によると分母（価格要素）を小さくすると合計点数が高くなるため，民間事業者のノウハウや創意工夫といった価格以外要素への評価が十分には活かされないといった反省もあり，最近では「価格要素以外＋価格要素」の加算方式が一般的になってきています。

【図表1−17　選定方式の主な違い】

項　目	公募型プロポーザル	総合評価一般競争入札
概要	最も評価点の高い者を優先交渉権者とし，契約交渉を行い，協議が整えば契約を締結する。	最も評価点の高いものを落札者とし，契約を締結する。
交渉不調時	次点の交渉権利者と交渉する。	落札者と契約締結に到らなかった場合に，次順位者の提案価格が落札者よりも高かった場合は，再度，入札をやり直すこととなる。
公募時の条件	協議に基づき変更の余地あり。	法律上，原則として変更不可。
学識経験者の意見聴取	必要とはされていない（ただし，PFIなどは，意見聴取をルール化している自治体が多い）。	法律上，必要。

（著者作成）

32　平成12年3月29日自治画第67号，平成15年9月2日一部改正
33　総合評価型一般競争入札における価格要素の評点割合も，25％〜60％程度と自治体の考え方によって違いがあるが，最近では30％に設定されている案件が増えつつあるように思われる。

③ 「使用料収入」と「利用料金収入」と「自主事業収入」

　日常会話では，「使用料」も「利用料」も同じような意味として使いますが，PPP/PFIにおいては，違う仕組みを表す言葉となります。

　PPP/PFIにおける「使用料」とは，地方自治法において「公の施設の利用について徴収することができる」と定められているもので，文化施設の貸館料や体育館の時間貸し料金など，主として指定管理者制度を採用して施設の管理運営を行う際に，施設利用者が地方自治体に支払う料金です。

　受け取ったお金は地方自治体の歳入となるため，指定管理者の職員が施設窓口などで料金を受け取った際も，代行受領しているだけで，すべて自治体に納付することになります。そのため，募集要項や仕様書，条例などで「使用料」と記載されている場合は，指定管理者は，もしも利用者が増えても別に収入は変わらないということになります。

　一方の「利用料金」とは，同じように貸館料や時間貸し料金などの施設利用に関する料金を受け取った場合に，指定管理者自身の収入とすることができる制度です。施設利用者が増えれば増えるほど，指定管理者の収入が増加するため，利用者増加に対する民間事業者のノウハウの発揮が期待される案件などで積極的に採用されています。

　地方自治法で「使用料」も「利用料金」も条例で定めることが規定されているため，いくら民間事業者のノウハウだからといって，勝手に施設貸出などの金額を変えることはできません。しかし，例えば観光関連施設（特に宿泊施設）において，季節による需要変動への対応（いわゆるダイナミック・プライスの導入）や食事のグレードに応じた宿泊と食事のセットプランが設定しにくいといった問題が指摘されるようになり，最近では，条例には上限金額だけを設定することで，詳細は指定管理者が弾力的に運用できるようにする場合も増えてきています。

　一方，文化施設のロビーコンサートや，体育館の貸出サービスなど，指定管理者が実施するべき業務とは定められてないけれども，施設の目的に反しない範囲[34]で，民間事業者の創意工夫で自主的に事業を行うことが認められていることが一般的になってきました。その事業による収入が自主事業収入です。

　この自主事業による収入は指定管理者の収入となりますが，自主的に行うのですから，自主事業に関する経費も当然自主的に負担することが必要であり，自主事業は独立採算で行うことになります。指定管理料を自主事業の経費に充当することは，基本的[35]に認められません。

　ところで，利用料金収入や自主事業収入によって収入が増える分，管理運営にかかる費用として公共が負担する指定管理料やサービス購入費[36]を減らすことができることが期待されるため，指定管理者制度やPFIなどでは，行政側も民間側も収入をいくらに見込むかが大きなポイントになります。

　公募する自治体側が，収入を過大に積算し，その分を差し引いて提示する指定管理料やサービス購入費の上限額が厳しすぎると民間事業者の参画意欲が減退して応募ゼロに終わるかもしれません。一方，応募する民間事業者側が，審査で加点を獲得しようと収入を過大に積算すると，結局，赤字が発生するリスクを抱え込むことになります。

　こうしたデメリットを軽減するために，最近では精算方式やロスシェアリン

34　自主事業が認められる場合でも，自治体が施設目的として定義づけた指定管理事業とは異なるため，通常は，面積割合に応じて目的外使用料（要は家賃）を自治体に納付するのが一般的である。（例：自動販売機の導入時に設置面積分の目的外使用料を支払うなど。逆に，利用者が少ないため自販機は導入できないが利用者サービスとして夏期の飲料を販売したい場合に，氷入りバケツで販売することで目的外使用料を免れている工夫例などもある）。

35　自主事業経費の指定管理料との区分の厳格さは，実は地方自治体によって大きく異なり，配置職員の人件費さえ，指定管理事業と自主事業に担当時間で按分することを求める場合もあれば，大らかに自主事業経費も指定管理料に合算して提案することを認めているケースもある。上記の目的外使用料も，減免でゼロ円という場合もある。

36　施設の運営・維持管理が対象となる指定管理者制度ではなく，施設整備が伴うPFIなどで，施設の設計・建設費用と，完成後の運営・維持管理費用を合計した全体事業費を「サービス購入費」という。

グ・プロフィットシェアリングを採用する自治体も増えつつあります。

④ 「精算方式」と「ロスシェアリング」と「プロフィットシェアリング」

いずれも不確定要素による事業リスク・事業メリットを官民双方でうまく分担するために使われている方法です。

「精算方式」とは，既に指定管理者制度において広く導入されている方法で，例えば，老朽化した施設の修繕費や新しく整備した施設の水道光熱費など，過去の実績だけでは予測できない経費について，民間事業者が提案する指定管理料の算出対象から外しておき，当該修繕費や水道光熱費として，別に一定額を割り当てておいて，年度末に実際にかかった経費[37]に基づいて残金を精算して自治体に返金する制度です。

指定管理者制度では，提案した額を超える経費が発生した場合は，事業者側の負担となるのが一般的なため，こうした精算方式を導入することで，民間事業者側への過剰なリスク移転を軽減する場合などに活用されています。

「ロスシェアリング」とは，想定外の収益減収分（つまりロス）を自治体と民間で適切にシェアする方法をあらかじめ決めておくことで，事業の安定的な継続を図る方法です。本来，PPP/PFI事業のリスク分担については，事前に取り決めた協定に基づくことになりますが，新型コロナウイルス感染症による長期の休館対応など，事業継続に大きな打撃を与える想定外の事態が発生した場合，独立採算型の事業では，民間事業者による自助努力だけでは事業継続が困難ということになりかねません。

そこで，各事業年度の収益があらかじめ規定された基準を下回った場合に，

37　自治体側のリスクコントロールのために，1件あたりの上限額や，年間合計の上限額が設けられていることが多い。なお修繕費について精算方式を採用しない場合に，民間事業者が負担する1件あたりの上限額を設け，上限額を超えた場合は自治体負担とすることで民間リスクの軽減を図っている事例が見受けられるが，震災などで大規模な損傷が発生した場合に1件あたりの修繕金額が上限額を超えているため，事業者側で修繕ができず，施設が使えない状態が長期間続いたといった課題も見受けられる。

【図表1-18　管理・更新一体マネジメント方式のプロフィットシェアの仕組み】

①契約時に見積もった工事費が，企業努力や新技術導入等で縮減した場合，縮減分を官民でシェアする。

②契約時に見積もった維持管理費が，企業努力や新技術導入等で縮減した場合，縮減分を官民でシェアする。

ケース	工事費	維持管理費	LCC削減（プロフィット）		官	民
①	2 縮減		2	プロフィットシェア	1	1
②		2 縮減	2		1	1

出典：国土交通省「管理・更新一体マネジメント方式の考え方」（令和5年）

その程度に応じて自治体が民間事業者の収益減少分を負担するルールを取り入れることで，公共サービスの提供を維持する仕組みです。

　一方，「プロフィットシェアリング」とは，プロフィット（つまり利益＝売上－諸経費）を自治体と民間でシェアする方法で，指定管理者制度における納付金制度（利用料金収入が発生する事業で，事前に設定した利益額以上の利益が発生した場合に自治体に納付する仕組み）など，事業運営に関する分野で幅広く活用されてきました（とても平たく言うと，儲けが増えすぎたら官民で分配する方式）。

　最近では，新技術の活用によるライフサイクルコストの削減などを促すために，包括的民間委託などのインフラ管理でもプロフィットシェアの導入が重視されており，例えば維持管理と更新を一体的に実施する更新実施型のウォーターPPP（119頁参照）では，図表1-18のようなプロフィットシェアの導入が期待されています（とても平たく言うと，経費が想定以上に減らせたら，残った利益の増額分を官民で分配する方式）。

　なお，ロスシェアリングについて定める場合は，プロフィットシェアリングの導入も検討するなど，自治体と民間事業者のリスク分担がどちらかだけに偏らない方法を採用することが望ましいことは，言うまでもありません。

(8) 公共と民間の新しい関係性

時代は「ハコモノ主義」から「機能主義」へ

わが国の公共施設は、「ハコモノ」とも呼ばれることからわかるように、長年ゼネコンが主たるプレイヤーであり、「どういう施設をつくるのか」が重要でした。新しい公共施設を建設することが、ある意味政治家としてのお手柄であり、「あの先生（首長や議員のこと）が、あの施設を作ってくれた」と有権者から評価されることが重要視された時代が長かったわけです。

それから時は流れ、PPP/PFIを、"まちづくりのツールの1つ"として効果的に活用する自治体が増えるにつれ、こうした状況は少しずつ変わり始めました。

例えば、施設が老朽化したり耐震性能が不足している場合に、「新しい施設の建設を」という方向だけに進むのではなく、既存の別の施設を有効活用して、必要な機能が発揮できないかを考えたり、公園や道路の「さまざまな人々が集まる場所」という機能に着目した新しい取組みが生まれたり……。

何を作るかという視点よりも、どう使われるかということに重点を置き、その施設が地域住民にとってどのような機能を果たすのか、が重視されるようになってきています。こうした状況を、私達は、「ハコモノ主義」から「機能主義」の時代になってきた、と表現しています。

このことは、言い換えると、発注する自治体側の明確な意思も求められているということです。「この施設にどのような機能を発揮してほしいのか」、「地域住民にどのような価値を提供するために、この施設が存在するのか」、そうしたことを明確にしなければ、民間事業者からより良い創意工夫は引き出せないのです。

真のパートナーシップが，まちを変えていく

　指定管理者制度が導入された2003年（平成15年）は，先に述べたとおり，小泉内閣の「官から民へ」の風が吹いていたこともあり，新しいPPP/PFIという領域に多くの企業が関心を寄せた時代でもありました。今ではそれほど聞かれなくなった「パブリックビジネス」という言葉も当時は大流行しており，新しいビジネスチャンスを逃すまいと，多くの企業がこぞって参入を検討していたものです。関西のある自治体では，体育施設の指定管理者説明会に，100社以上が参加したこともありました。

　指定管理者制度導入当初を第一クール，次の指定期間を第二クール，それ以降も徐々に第三クール，第四クール……という言い方をすることがありますが，まさに第一クール・第二クール当初は，他社に負けないように多くの企業が参入し，地方自治体からすれば，よりどりみどりの状態だったわけです。

　しかし，PPP/PFIを採用した事業が珍しくなくなり，情報が周知され始めると，民間企業はビジネスメリットの有無や自社の得意分野，事業のコンセプトなどに基づいて，落ち着いて案件選定を始めるようになりました。資材価格や工賃コストが向上している今では，公募しても結局応募者が現れず不調に終わるという場合さえ珍しくありません。つまり，地方自治体は既に「選ぶ側」だけではなく，「選ばれる側」にも立っていることを自覚しなければならなくなってきたのです。

　それにもかかわらず，プラットフォームのサウンディングなどにおいて，情報提供が不十分だったり質問回答があいまいで，せっかく参加した民間事業者から大して意味のある提案を引き出すこともなく，持ち時間を終えてしまう自治体担当者を見かけます。

　現段階では詳細な情報を出したくないのか，それとも本当に何も決まっていないのか……いずれにせよ，せっかくの機会を利用して民間事業者と積極的にパートナーシップを構築する，という意識を持っておられないのがとても残念

です。

　今では，地方自治体も民間事業者もお互いに「選ばれる側」となりました。だからこそ，双方が「相手から選ばれるために，きちんとニーズに応え信頼を形成する」という関係性を構築し，そこから真のパートナーシップを築いていく……そうした官民双方の意識と覚悟が，PPP/PFIの効果を高めるために不可欠なのだといえるでしょう。

ひとくちコラム１

気候変動と公共施設の未来

　PPP/PFIには，おもしろいことに，タイムマシンの機能が備わっている。通常の行政業務では，年度予算に基づき，１年間というスパンのなかで計画を立て実行していくのが一般的だが，事業期間が20年や25年があたりまえのPFIやDBOに取り組む場合は，視野に入れる時間軸をグンと拡げることになるからだ。

　例えば，仮に2024年に実施方針を公表したとして，事業者選定，契約締結，設計建設とトントン拍子に進んだとして，施設オープンが2028年ごろ。そこから20〜25年の運営期間を経て，事業期間が終了するのは，2048年〜2053年頃となる。

　ということは，開館記念式典でテープカットに参加した地元代表の幼稚園児は，事業終了を迎えるころには，社会人としてバリバリ活躍する年齢になっており，開館イベントで歌を披露した地元出身の歌手は，声のキーを維持するのが難しくて，俳優に転向して良い味を出しているかもしれない。

　そして，見方を変えると，今年実施方針を公表した施設は，事業期間を終えるころには2050年を迎える。そう，カーボンニュートラル実現の年である。

　カーボンニュートラルとは，二酸化炭素など温室効果ガスの排出量と吸収量を均衡させて，その排出量を「実質ゼロ」に抑えるという概念である。

　気候変動枠組条約に加盟する全196カ国が参加する枠組みとして締結されたパリ協定などを受けて，菅内閣総理大臣（当時）は2020年10月26日の所信表明演説で，2050年のカーボンニュートラルの実現を目指すことを宣言した。

　これを契機に，国も自治体も民間企業も，そして家庭でも，それぞれが温室効果ガスの排出量削減に取り組むこととなり，省エネルギーや再生可能エネルギーの活用，サーキュラーエコノミーの推進といった取組みが急速に進められている。

　なかでも，公共施設を多数所有する地方自治体がカーボンニュートラルを実現するには「公共施設のZEB化（ゼブ化）」が待ったなしの課題解決策の1つである。

　ZEBとは，Net Zero Energy Building（ネット・ゼロ・エネルギー・ビル）の略で，「創エネ」と「省エネ」を組み合わせることで，建物の消費エネルギーをネット（正味）ゼロにする技術のこと。新築施設だけではなく，一定の制約はあるものの既存建築物の改修でも導入が可能であり，脱炭素を実現するには不可欠の技術だ。

　だが，ZEB化の導入は，思ったほど進んではいない。（一社）環境共創イニシアチブの公表データによると，2023年（令和5年）8月時点で，ZEB化された公共施設の件数は63件にとどまっている（事務組合なども含む）。

　この一番の理由は，やはりコストだろう。資材高騰など総事業費の上振れが続くなかで，ZEB化の導入は，さらなるコスト増となることは間違いない。

　だが，もう1つの理由は，カーボンニュートラルの実現に向けた自治体の「感度」の差にあるのかもしれない。

　実際に，公共施設のZEB化のほかにも，PPP/PFIを活用して，太陽光発電やバイオガス発電による地域マイクログリッドを導入することで，エネルギーの地産地消を実現しようとする自治体もあれば，そもそも，ZEB化のコストなどは見込んでおらず，ZEB化対応も想定していないという自治体もある。自治体の気候変動対策への取組みは，かなり幅が大きくなってきているのである。

　2018年10月の国連のIPCC（気候変動に関する政府間パネル）の総会で決定された統合報告書では，もしも私たち人類が，気温上昇をプラス1.5度までに押さえることができず，現状よりも２度上昇すると，５年に１度，極端な熱波にさらされる世界人口が37%に増えることが予想されている。

　その熱波にさらされるのは，例の幼稚園児だった若者かもしれないし，俳優に転向した歌手かもしれない。要は，気候変動の影響は誰にでも降りかかってくることであり，その対策は私たちの未来のために「待ったなし」のはずなのだ。

　総務省の地方財政白書などによると，全国の地方自治体が所有する公共施設は，庁舎，文化施設，体育館の合計で16,663施設（令和３年度）。ここに，200万戸を超える公営住宅が控えている。

　公共施設の未来は，私たちの未来につながっているのである。

第2章 施設整備を効果的に行うPPP/PFIの基礎知識

(1) まずはPFI・DBOを押さえよう

事業手法の基本構造は"マイホームの購入"で理解する

　PFIやDBOは，PPP/PFIの中核をなす手法であり，インフラや公共施設の整備・運営を行う際に，設計・建設から運営・維持管理までのあらゆる業務を，民間事業者のノウハウを活用し，長期間にわたり一括して民間事業者に委ねる手法です。

　DBOは，D（Design：設計）＋B（Build：建設）＋O（Operate：運営・維持管理）という名称からわかるとおり，設計から維持管理までを一括して委ねる方式を表すのに対し，Private Finance Initiativeの略であるPFIは，それらに加え，民間（Private）に資金拠出（Finance）も委ねるため，より複雑な仕組みになっています。そのため，PFI法が制定され，少しずつ改定が繰り返されています。

【図表２－１　従来型公共事業とPFI事業の違い】

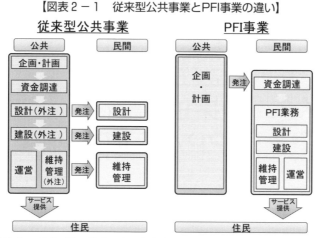

出典：内閣府「PFI法改正法に関する説明会」資料（平成２年）

　従来型の公共工事に慣れている人口20万人未満の自治体のなかには，まだまだPFIやDBOの導入に慎重な担当者なども多く，地元企業や地方議員などから直接当社に導入メリットをたずねられることも少なくありません。

　そこで，制度設計の詳細部分はひとまず棚上げにして，"マイホームの購入"を題材に従来手法とPFIやDBOとを比較すると，違いやメリットは一目瞭然です。

【図表２－２　マイホームの購入を題材としたPFIやDBO導入のメリット】

	従来型の公共工事	PFIやDBO
	網掛け部分：マイホームの購入を想定した場合の特徴・メリット	
契約形態	個別に契約（設計，建設，運営，維持管理を個別発注）しなければならず，短期契約が中心。	一括して契約（設計，建設，運営，維持管理を一括発注）であり，長期契約が中心。
	個別発注はイチイチ各業者を見つけるのも大変だけど，一括発注だとそこに住むことになる私達（公共施設であれば運営業者など）の想いを取り入れた設計となるため，使い勝手がよく便利。設計者が大工さんと話し合ってくれるので，最も良い工法を選べるのも安心。	

発注方式	仕様発注（設計，建設，運営，維持管理の各業務について公共が細かい基準を仕様として明確にして発注）を採用。	性能発注（細かい仕様ではなく，発揮するべき性能を提示して，細かい仕様は民間から提案させる）を採用。
	初めてマイホームを購入するので，自分から細かい仕様を決めるのは難しいけれど，性能発注だと，細かい部分については，設計者が大工さんや設備屋さん，インテリアコーディネーターなどのアイデアを活かして，それぞれの工夫が詰まった家ができあがるので魅力的。	

（著者作成）

　このように，従来型の公共工事に比べ，PFIやDBOは，民間事業者のノウハウの活用という特徴にそった仕組みであり，導入するメリットも明確です。ただ，個人にとってのマイホーム購入と同様に，公共にとっても多額の税負担を伴う施設整備となるため，理論上のメリットだけでPFIやDBOを採用することの説明責任を果たせるわけではありません。

　そこで，いずれの方式を採用するかの最終的な決定基準の1つとして，VFMという指標を用いて検討することが求められます。

VFMとは何か

　VFMとは，Value For Moneyの略で，公共の財政負担（Money）に対するValue（価値）を表しており，従来型の公共工事として整備・運営する場合と，PFIやDBOを採用して整備・運営する場合を比較し，どれぐらい財政負担が軽減されるのかという割合，つまり図表2-3のとおり，PSCとPFI-LCCの比較（％）で示されます。

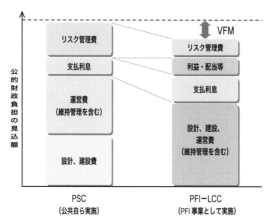

【図表2－3　VFMの仕組み】

出典：内閣府「PFI法改正法に関する説明会」資料（平成23年）

　ここでいうPSCとは，Public Sector Comparator [1]の略で，「公共が自ら施設整備・運営を実施する際の事業期間全体を通じた財務負担見込額」を表しており，一方の，PFI-LCCとはPFI事業のライフサイクル・コストを表しています。このように財政負担の軽減割合は，事業期間全体を通じた見込み額を比較することになるため，施設整備に加え，事業期間中の運営や維持管理にかかる費用もすべて合計して考えることになるため，ライフサイクル・コストという言葉が使われているのです。

　過去のPFI事業におけるVFMは図表2－4のとおりです。PFIを採用する場合，従来型の公共工事では発生しなかった民間事業者の税金負担が発生するものの，一括発注や性能発注の効果によってコスト削減が期待できるため，PSC

1　あまり聞きなれない言葉だが，元々は，世界銀行などが定義づけた言葉であり，PSCとは「最も効率的な公共調達の形態と比較して，民間投資案が費用対価値を提供するかどうかを検証することにより，政府が意思決定を行うために使用される」とされている。
https://PPP.worldbank.org/public-private-partnership/assessing-value-money-PPP

よりもPFI‐LCCが下回る効果がでていることがわかります。

【図表2－4　PFI事業のVFMの傾向】

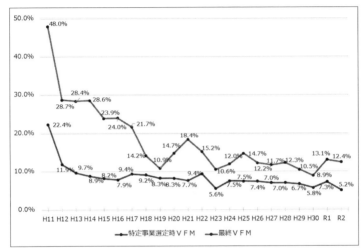

出典：内閣府　第56回PFI推進委員会 議事録・会議資料「PPP/PFI推進アクションプラン総括レビュー
　　　その2」（令和4年）

PFIとDBOの違いとは

PFIとDBOの最も大きな違いは，先に述べたとおり，資金調達を公共と民間
のどちらが負担するかにあります。PFIでは，事業費の全部または一部につい
て民間事業者が資金調達を行うのに対し，DBOでは公共が調達することにな
ります（図表2－5）。

【図表2－5　PFIとDBOの主な違い】

項　目	PFI	DBO
根拠法	PFI法	民法[2]（下記論点あり） ただしPFI法に準ずる取扱いを行う
施設の 所有権	建設後または事業時間終了後に自治体	自治体
事業の 実施主体	SPC（特別目的会社）	建設はJV，運営はSPC又は個別の運営会社・維持管理会社 （※SPCの組成は必須ではない）
民間資金 の活用	あり ※自治体と民間に融資した金融機関の間で，事業困難時に介入する協定（直接協定）を締結し，モニタリング機能を発揮することが多い。	なし ※公共が資金調達を行うため，金融機関によるモニタリング機能が働きづらい。

（著者作成）

　PFIの場合は，金融機関から建設資金等の借入れを行うのが一般的ですが，土地の所有権は自治体にあり担保としては提供できないため，事業が生み出す収益力を担保に融資を受けるプロジェクトファイナンス[3]という方法で，建設

2　DBOの根拠法を明確に示した資料が少ないこともあって，地方自治体の資料のなかには「根拠法令はありません」と堂々と明記されているものも見受けられる。国の資料には「地方自治法」と記載されたものもあるが，地方自治法234条は契約の相手方の決定方法を規定したものであり，契約行為そのものを定義づけた内容ではないため，DBOにおける設計建設は民法632条（請負），維持管理・運営は民間委託の一般的な根拠法である民法656条（法律行為以外の事務の委託）を根拠法として提示するのが妥当ではないだろうか。なお，DBOの事務手続として建設請負契約と運営委託契約を締結することが一般的であるという事実からも，この解釈の妥当性が証明されているように思われる。

3　地域金融機関では，支店長クラスでもプロジェクトファイナンスの担当経験がなく，取引先から相談を受けても臨機応変に対応できないケースが少なくないと聞く。今後は，PPP/PFIが人口規模の小さい自治体にも波及し，案件規模が小さい事業も増えることが想定されるため，コーポレートファイナンスでの対応も想定されよう。ちなみに，当社では，ROで民間の初期投資が少ない比較的小規模な案件の民間支援コンサルティングにおいて，「プロジェクトファイナンスの実績がないため対応できない」と言う地銀から，コーポレートファイナンスでの資金調達を取りつけた実績がある。先例があるので安心して（笑），地銀の支店などでもぜひ地元自治体のPPP/PFIに関する情報アンテナを拡げておき，いつでも本店と協議できるような準備をお勧めしたい。

資金等の一部を借り入れて事業を行うことが一般的です。この場合，不動産担保が存在しないため，本業の悪化で借入返済が滞るリスクを軽減するために，PFIに参加する企業同士による共同出資で，その事業だけを行う特別目的会社（SPC；Special Purpose Company）を組成することで，特定企業の倒産などによって事業継続に影響が生じることを避けることになるのです。

　現在は，民間銀行からの借入利率よりも，公共の地方債の起債金利の方が安いことから，PFIよりもDBOの方が，VFMがより高く（つまり削減効果が多く）なることが一般的なため，DBOを採用する自治体も少なくありません。DBOを採用すると，金融機関からの借入れが発生しないため，SPCを組成しなくても事業継続が可能であることから，地域の中堅・中小企業の参画のハードルが下がるという点もメリットとして挙げられます。

　ちなみに，以前，地方都市で自治体主催の「はじめてのPPP/PFIセミナー」に講師としてお招きいただき，「PFIは民間事業者が資金調達を行う」という説明を行なった際に，PFI未経験のある地元の建設会社の方から，「わしら中小のゼネコンがそんな投資をして，どうやって儲けを出すんですか」という質問を受けたことがありますが，この資金調達とは単に一時払いをするだけで，別に私財をポンと投げ打つわけではありません。支払った事業費（正式には，サービス購入費といいます）は，事業年数に割り振って（金利分も合算されて）毎年少しずつ公共から支払われるためご安心ください。

　言い換えると，毎年の予算で突然収入が増えることのない行政にとって，PFIという割賦払いによる財政負担の平準化機能は大変ありがたく，一括発注・性能発注による民間のアイデア・ノウハウの活用と相まって，大変効果的な制度になっているのです。

DBOの事業方式のいろいろ

　DBOは，PFIとは違い資金調達を民間が行わないため，所有権が移管する時期で事業方式に違いが生じることはありません。D（Design：設計）＋B

（Build：建設）＋O（Operate：運営・維持管理）という名称のとおり，設計から維持管理までを一括して委ねる事業方式だということがわかりやすく，庁舎の建設など，運営（O）を伴わない場合は，DB（設計と建設の一括発注方式）となることも一目瞭然です。

ただし，資金調達が伴わないためPFIほどハードルは高くないものの，日常の業務内容が異なる設計＋建設と，運営・維持管理がグループを組むのは，PPP/PFIの経験が少ない地方企業にとっては容易なことではありません。

そこで，DBOを一括で募集するのではなく，DB＋Oとして，設計と建設は一括発注とし，維持管理・運営は別途発注とする場合や，O先行型のDBという形で，運営事業者を先に選定することで，運営事業者のノウハウを設計や建設に反映させるといった方式も活用されています。

さらにその発展形として，当社が担当した地方の旧国民宿舎の建替案件では，宿泊を伴う観光振興施設のため運営事業者のアイデアを設計段階から活かしたいものの，地元の建設企業が「提案」によって選定されることになじんでおらず，ほとんどの企業から入札での参加希望が寄せられたことから，DO＋Bというややイレギュラーな方式を選択し，B（建設）は入札としたこともありました。

このように，DBOはPFIに準じる方式であるものの，厳密にはPFI法に基づくものではなく，資金調達は公共が行うこともあって，制度設計の自由度が高いことに特徴があります。そのため各自治体が地元事情に応じた柔軟な制度設計を行えるところも魅力の1つとなっているようです。

PFIの事業方式のいろいろ

PFIでは，事業費の一部または全部を，民間事業者が資金調達することが特徴です。建物の対価を払った者にその建物の所有権が発生するのはあたりまえですから，施設を誰が所有するか（＝いつ所有権が移転するか）によって，事業方式が異なります（Whoによる事業方式の違い）。

また，民間事業者が負担した事業費をどうやって回収するのかによっても，事業方式が異なります（Howによる事業方式の違い）。

1）　Who：施設を誰が所有するか/所有権移転時期による分類

同じ略号である，B（Build：建設）とO（Operate：運営・維持管理）に加え，所有権移転を表すT（Transfer：移転する）や既存施設の改修を表すR（Rehabilitate：修理する）を用いると，PFI事業は図表2－6のように分類することができます。

【図表2－6　業務主体（文字）と所有権（色）の違いから見た事業分類】

事業方式 ＼ 業務など	設計・建設期間	施設供用開始時	維持管理・運営期間	事業終了時	事業終了以降
BOT方式	民間	民間	民間	所有権移転	公共
BTO方式	民間	所有権移転	民間	公共	公共
BOO方式	民間	民間	民間	民間	民間
RO方式	民間	所有権移転	民間	公共	公共

　　　　　　　　　　　　　　　　＝施設所有権を公共が保有することを表す

※上記のほか，施設整備だけを任せるBT方式や運営だけを任せるO方式という事業種別もある
（内閣府資料や全国地域PFI協会ウェブサイトなどにもとづき著者作成）

所有権を保持するほうが施設に伴うリスクを管理することになるため，施設機能と運営管理が一体的な廃棄物処理施設や給食センターなどは，BOT方式の採用が多く見られます。

一方で，民間事業者にとっては，所有権を保持し続けるBOO方式が最もリスクが高く，次いでBOT方式，BTO方式／RO方式となることから，BTO方式／RO方式のほうが参画しやすく，また，施設オープン後は公共が所有権を保持しているため，行政による監督指導や緊急対応が行いやすいといったこともあり，文化施設やスポーツ施設などの市民利用が中心の施設では，BTO方式が採用されることが一般的になっています。

　なお，上表の方式では，法律上，民間事業者が利用料金の設定や収受を行うことができない[4]ため，上記の市民利用が中心の施設では，維持管理・運営期間においては，83頁の指定管理者制度も合わせて導入するか，上表の方式によらず104頁の公共施設運営権（コンセッション）を採用することになります。

2）　How：どうやって事業費を回収するか/事業費回収方法による分類

　施設の設計・建設費用と，完成後の事業期間中にかかる運営・維持管理費用を合計した，PFI全体にかかる事業費を「サービス購入費」といいます。

　このサービス購入費を，民間事業者がどのように回収するか（つまり，地方自治体がどのように負担するか）によって，PFI事業は図表2－7のように分類できます。

【図表2－7　事業費回収方法による事業分類】

事業分類	概　要
サービス購入型（①）	地方自治体が設計・建設・運営・維持管理に係る費用をすべて負担する方式（つまり，全額あと払い方式）
独立採算型（②）	自治体は負担せず，利用者による利用料金収入や事業収入などを元に民間事業者が独立採算で事業を行う方式
混合型（①＋②）	必要な事業費から民間が受け取る利用料金収入や事業収入など差し引いたものを自治体が負担する方式（つまり，一部あと払い方式）

（著者作成）

　いずれの事業形態を採用するかは，施設の特性やどのように民間事業者のノウハウを活用したいかによって変わります。

　ただ，利用料収入や事業収入が見込めそうな施設だからという理由で独立採算型を採用したところ，周辺の人口密度や近隣施設の状況などから，ある程度

4　PFI法23条。公共施設運営権を設定すると利用料金が収受できる，という規定となっているため，逆に公共施設運営権を活用しないPFIでは，利用料金は収受できない。PFIのBTO方式と指定管理者制度がセットになっていることが多いのは，こうした理由に基づく。

の収入は見込めるものの採算ラインに乗せるのは難しく，応募団体があらわれなかったということになっては困ります。

　そういうことのないよう，自治体主催でサウンディングを実施するなど，民間事業者に事業可能性を確認しておくことが望まれます。

PFI事業の通常プロセスと簡易化プロセス

　PFI事業の実施に関する一連の手続きは，内閣府の「PFI事業実施プロセスに関するガイドライン（いわゆる「プロセスガイドライン」）において示されています。

　透明性・客観性を確保するために慎重さや丁寧さに重きが置かれたこともあって，基本構想から概ね50カ月（つまり4年2カ月程度）かかるのが標準とされていました。これはあくまでも事業者と契約するまでの期間のため，施設オープンまではさらに数年かかることになり，プロジェクトの発案から地域住民が利用できるようになるまで，早くて7～8年かかるのがあたりまえでした。

　しかし，これでは，公共施設の老朽化に伴うスピーディーな建替えや集約化ニーズに対応することは難しく，また手続きの煩雑さからPFIがなかなか地方に浸透しないという課題が残ります。そこで，多くの先行事例がでてきてプロトタイプ化が図られてきたことなどを受けて，PFIの事業類型で一般的となっている「サービス購入型」については，簡易化を図り通常手続きよりも期間短縮を行う方法，いわば，タイパ（タイム・パフォーマンス）を上げる方法も内閣府より提示されています。

　そこで，それぞれの手続きとポイントを見ておきましょう。

1）　PFIの通常の実施手続き

【図表2−8　PFIの一般的な事業手続きプロセス】

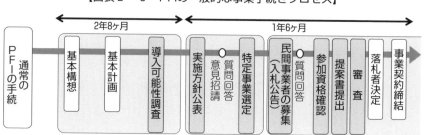

出典：内閣府「地方公共団体向けサービス購入型PFI事業実施手続　簡易化マニュアル」（平成26年）

　自治体内部での検討や民間事業者からの提案などにより，PFIの対象可能性がある事業が発案されると，それを受けて自治体は，施設の目的や必要性，コンセプト，事業用地や需要予測などを取りまとめた基本構想を策定します。

　その後，基本構想に基づき，必要機能や施設構成，ゾーニングや動線，概略事業費，基本的な平面図などを具体化した基本計画が策定され，さらにどのような事業手法を導入するかを検討する導入可能性調査が行われます。この導入可能性調査によって，先に述べたVFMを評価し，民間事業者へのサウンディングなども行い，PFIにするかDBOにするか他の手法を選択するか，もしPFIであればどの事業分類を選択するかといったことを明確にしていくことになります。

　ただ実はこうした手続きはプロセスガイドラインに沿って，ある意味，慣例として行われているだけであり，PFI法上に規定された手続きではありません。PFI法におけるPFI事業のプロセスは，「実施方針の策定」と「特定事業の選定」，「民間事業者の選定」，そして「選定事業の実施」が定められているのみなのです。

　そうしたことから，法律上の規定は遵守しつつ，内閣府の「簡易化マニュア

ル[5]」に沿って手続きを簡易化した次のような流れが増えてきています。

2）　最も簡易化した場合のPFIの手続き

【図表2-9　手続きを簡易化した場合のPFIのプロセス】

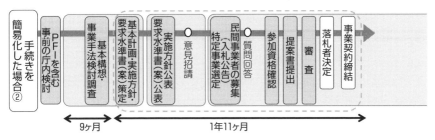

出典：内閣府「地方公共団体向けサービス購入型PFI事業実施手続　簡易化マニュアル」（平成26年）

　これは「簡易化マニュアル」において最も手続きを簡易化した場合の手続きとして示されているものです。

　基本構想と事業手法検討調査を一括で実施することで，当該施設の目的や必要性，コンセプト，需要予測などを整理しつつ，VFM評価に基づく事業手法の選定までも行ってしまい，その後，基本計画や実施方針，要求水準書（案）の策定を同時に行う，というスタイルです。この方法によると，基本計画等の策定段階では既にPFI手法での事業実施が決定していることから，あわせて実施方針や要求水準案の策定に取り組むことが可能なのです。大変効率的な方法だということがわかります。

3）　自治体独自の工夫でさらにスピーディーに実施する場合の手続き

　最近ではよりステップをシンプルにするために，例えば老朽化による建替え案件など，事業の必要性が市民にとってもわかりやすい場合を中心に，基本構

5　「地方公共団体向けサービス購入型PFI事業実施手続　簡易化マニュアル」（平成26年）内閣府

想の策定を行わず，事業手法が未確定の早い段階から，サウンディング調査を行って民間事業者の意向を確認しつつ，同時並行で，基本計画の策定や導入可能性調査に取り組むケースなども増えてきました。

　このように，事業の発案段階から事業開始に向けてスピーディーに取り組むことができると，多様化する地域ニーズへの対応や待ったなしの老朽化施設への対応などにも弾みがつくことと思われます。

　ただし，この場合，基本構想を策定する際に行われるはずだった，パブリック・コメント（行政が計画や規則等を策定する際に，地域住民から広く意見を募り参考にすること；意見公募手続き制度）による住民コンセンサスのステップを経ていないため，基本計画の策定においては，パブリック・コメントを行ったり，住民説明会を開催し，地域住民の意見が事業に反映されるように取り計らうことが望まれることは，言うまでもありません。

⑵　民間ノウハウが光る民設民営とは

民設民営の概要と特徴

　民設民営とは，民間事業者に公的不動産（特に，低未利用地や廃校や廃校跡地などの遊休公共施設）を活用するための事業企画と，その事業企画を実現するための施設整備についての設計・建設・運営・維持管理を包括的に委ねる手法で，公的不動産に定期借地権を設定する形で事業化される場合が一般的[6]になっています。

　通常，独立採算方式で提案事業を運営するだけではなく，定期借地権に基づく地代（賃料）を公共に支払うことが必要であり，事業企画の内容と合わせ，提案する地代額（提案賃料）によって民間事業者を選定することとなります。

【図表 2 – 10　民設民営の事業スキームイメージ】

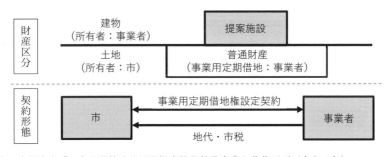

出典：宇都宮市「一条中学校跡地民間提案施設整備事業」募集要項（令和 4 年）

　「民設民営」という言葉は，本来は文字どおり「民間事業者が設計・建設・運営・維持管理のすべてを行う」という意味であり，元々はDBOなどの「公

6　最近では，整備すべき施設や機能など公有地の活用方法を示して募集し，最も優れた提案をした民間事業者に当該不動産を売却する事例も増えてきている。

設民営」と対をなす概念として使われており，主としてPFIを説明する場合などに使われていました。しかし，上記のような独立採算型の公的不動産活用の実例が増えるにつれ，イニシャルは民間が資金拠出を行うものの結局は公共が割賦払い方式でサービス購入費を負担することになるPFIとは区別して使われるようになり，今では民間が資金を拠出して施設整備を行い，独立採算で事業運営を行う手法を表すようになりました。民設民営方式や公有財産利活用，土地活用事業といった言葉も同じ手法を表しています。

　民設民営は，PFIやPark‐PFIのような特別な根拠法に基づくものではなく，公共不動産の多様な利活用のなかから編み出されてきた手法のため，画一的なモデルはありませんが，概ね次のような特徴を有していることが一般的です。

　上記はあくまでも比較的多いパターンというだけで，すべての民設民営案件がこれらの要件を備えているわけではありません（例えば，事業期間が50年と

【図表 2 −11　公有地を活用した民設民営方式の一般的な事例】

項　目	主な概要
契約形態	借地借家法に基づく事業用定期借地権を設定
借地期間	契約締結日（土地貸付開始日）から，最長で30年 （10年以上30年未満で事業者が提案といったケースもあり） ※借地期間には，建設期間及び解体撤去期間を含む（つまり契約終了後は更地返還となる）
民間事業者からの提案が期待される事業内容	物販・飲食施設など，地域に賑わいを生み出す民間収益施設及び，そのための利便施設（駐車場など）
独自提案として期待される内容	・地域住民の交流に資する施設や事業など公共的機能を有すること ・環境負荷低減や脱炭素やデジタル化など時代の要請に応えること ・地域団体との連携や地元企業の活用，地域防災への対応など，地域貢献性が高いこと

（著者作成）

いう事例もあります）。ただし，応募する民間側として心掛けておきたいのは，民間ならではの創意工夫を求められる独立採算型の収益事業でありながら，何らかの公共的機能や地域貢献性などが求められることが多いということです。

後に，ひとくちコラム2で事例紹介する宇都宮市の案件のように，最初から募集要項で「事業提案を求めるにあたって重視する事項等」として，賑わいや交流が創出される工夫や地域防災への貢献，環境負荷低減などが求められることもあれば，募集要項では特段何も求められていないものの，応募者側からの独自提案として提案書に記載することで，審査において加点されて有利に働くこともあります。

公共の不動産が舞台ですから，収益構造に支障をきたさない範囲で，何らかの公共的な機能の発揮を民間事業者に期待するのは，公共の立場としても，地域住民の立場としても，自然な流れです。民設民営に参画しようとする民間事業者は，そうした意識を持って事業企画を練ることが望まれるでしょう。

事業用定期借地権の特徴

民設民営に概ね共通しているもう1つの要素は，多くの場合に「事業用定期借地権」という制度を利用していることです。

そもそも借地権とは，借地借家法により規定されている「他人の土地を借りて自己所有の建物を建てられる権利」のことです。契約期間が終了したとたんに土地所有者から「出ていけ」と言われると生活に困ることから，通常の借地権は，建物が土地の上に存在している場合は契約が更新されることが原則[7]となっていたり，借地権設定者（つまり土地所有者）が契約更新を拒絶するのに制限[8]があったり，建物を買い取ってくれと請求する権利（建物買取請求権）がある[9]など，借地権者（つまり土地の借主）が手厚く保護されています。

ただこれでは，1度借地権を設定してしまうと，ずっと土地所有者が自分の

7　借地借家法5条
8　同，6条
9　同，13条

土地を利用できないことになってしまい，再開発に際して借地権者の同意を得るのにとても時間がかかるなど，効果的にまちの魅力向上に取り組むことが難しくなります。そうしたことから，借地借家法の改正が繰り返され，現在では図表2－12のような定期借地権制度が整備されています。

【図表2－12　定期借地権の種類と特徴】

	一般の定期借地権 （借地借家法22条）	事業用定期借地権 （借地借家法23条）	建物譲渡特約付借地権 （借地借家法24条）
存続期間	50年以上	10年以上50年未満	30年以上
用途制限	なし	事業用建物の所有 （居住用は不可）	なし
公正証書	必　要	必　要	不　要
契約終了時の建物	原則取壊し （更地返還）	存続期間による 〔後述参照〕	地主が買い取る

（著者作成）

　上記のうち，事業用定期借地権は存続期間によって2つの種類があります。いわゆる長期タイプ[10]（30年以上50年未満）と短期タイプ[11]（10年以上30年未満）であり，長期タイプでは契約更新や建物買取請求について，「なしという特約が可能」（特約がなければ一般の借地権と同じルールとなる）とされているのに対し，短期タイプでは契約更新も建物買取請求も元から認められておらず，最初に取り決めた存続期間（事業期間）ですべてリセットとなります。

　自治体としては，将来予定外に建物を買い取れと言い出されても困りますし，民間事業者としても，経営環境の変化が激しく先が見通しにくい時代に，あまりにも長期にわたる独立採算事業に乗り出すのは，慎重にならざるを得ません。こうしたことから，PPP/PFIの民設民営案件では，短期タイプの事業用定期

10　借地借家法23条1項，3項
11　借地借家法23条2項，3項

借地権が利用されることが多くなっていると思われます。

民設民営のプロセス

先に述べたとおり，民設民営にはさまざまなパターンがありますが，概ね図表2−13のような流れで事業化されています。

【図表2−13　定期借地権に基づく民設民営の事業プロセス】

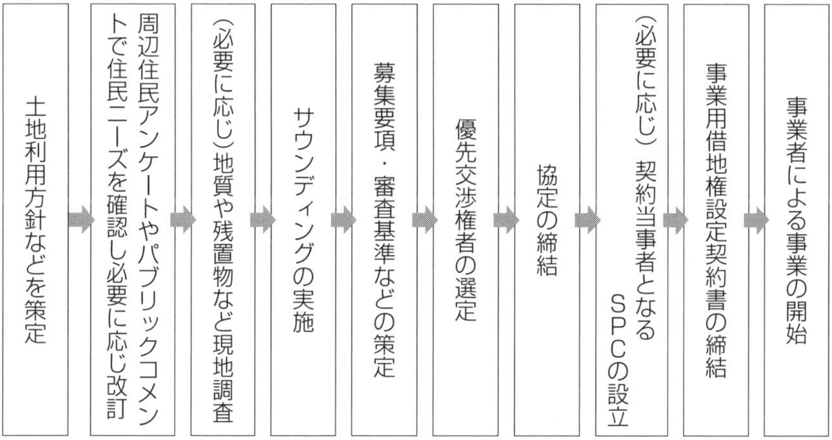

土地利用方針などを策定　→　周辺住民アンケートやパブリックコメントで住民ニーズを確認し必要に応じ改訂　→　（必要に応じ）地質や残置物など現地調査　→　サウンディングの実施　→　募集要項・審査基準などの策定　→　優先交渉権者の選定　→　協定の締結　→　（必要に応じ）契約当事者となるSPCの設立　→　事業用借地権設定契約書の締結　→　事業者による事業の開始

（著者作成）

民設民営は，民間事業者による独立採算事業のため，土地利用の方向性や公共としてこの民設民営に期待する事業コンセプト，さらに土地利用に関する条件（現状の詳細説明や隣地配慮などを含む）などは，募集要項として提示されるのが一般的です。そのため，基本的に仕様書や要求水準書が示されることはありません。

民間事業者としての経験やノウハウをフルに発揮して提案に臨むことが求められる……それが民設民営の特徴だからです。

⑶　身近なところで活用されているリース方式

リース方式の特徴とメリット

　PPP/PFIの「リース方式」とは，主として，公共施設の整備において，公共と民間事業者の間で，設計・建設・維持管理などの業務を一体的に行うリース契約を締結することで，施設を民間事業者の資金で整備したのち，サービス対価をリース料として支払いつつ公共が施設を活用する手法です。リース期間終了後は，公共に所有権が移転する[12]ため，BLT方式（Build-Lease-Transfer）と言うこともあります。

　今までは，臨時駐車場や幼稚園・保育園や校舎など，比較的小規模な公共施設で広く導入されていましたが，最近では庁舎などの比較的大型の施設でもリース方式で整備する事例なども増えてきています。

　リース方式の大きな特徴として，財政平準化の効果と事業化までのスピードの速さがあげられます。リース方式では設計から維持管理までを包括的に民間事業者に任せることになるため，施設整備に関するイニシャルコストや修繕費用などすべてがリース料に含まれており，PFIと同様に，単年度の財政支出が平準化されるのです。

　また，PFIのように，VFMの算出や導入可能性調査，実施方針の公表，特定事業の選定といった事務手続きが必須とはされないため，導入までの事務手続きがシンプルで，比較的スピーディーに導入することが可能です。そのため，例えば病院や学校などの移転工事における，臨時病室や仮校舎などのテンポラリーな形で導入されるケースが多く見受けられます。

12　割賦払いするリース料の中に設計建設や管理費用が含まれているため，通常は行政に無償譲渡することとなる。

リース方式のデメリットと緩和策

このように利便性が高いとされるリース方式ですが，次のような特徴がデメリットとしてあげられます。

> ① 基本的に国の補助金等が活用できない。
> ② 必ずしもコスト低減が図られるとは限らない。
> ③ リース方式に対応できる事業者が限られている。

このうち，注意しておかなければならないのは，②の事業全体にかかるコストに関する考え方です。物を買う時に分割払いにすれば手数料がかかるのと同じように，リース方式を導入することに対する手数料がオンされるため，従来型の発注方式に比べて，トータルコストが上がるのは当然です。

リース契約が包括的な性能発注方式であることから，設計段階から民間事業者のノウハウが活かせることによるライフサイクルコストの低減効果が期待できるものの，やはりトータルコストは従来発注よりも上がると考え，経費縮減効果を期待するのではなく，あくまでも「事務手続きの簡便さ」や「事業化までのスピードの速さ」といった，リース方式ならではのメリットを重視するべきでしょう。

最近では，民間事業者が少ない地域において，従来型の発注方式や他のPPP/PFI手法では応募者があらわれず入札不調となる場合などにも活用されており，今後はこうした理由に基づくリース方式の活用も増えていくかもしれません。

ちなみに，③のリース方式に対応できる事業者が現段階では限られている点は，発注側でコントロールできることではありませんが，先に述べた民設民営と同じように，建設業務における地域団体との連携や地元企業の活用などを契約要件とすることで，地域性を活かした事業として進めることも可能となります。

リース方式のプロセス

　先に述べたとおり，事務手続きがシンプルなのがリース方式の特徴です。ただし，「VFMの算出や導入可能性調査といった事務手続きが必要とされない」と記しましたが，あくまでもPFIのように根拠法やガイドラインで規定されていない，という意味で，リース方式による事業性があるのかという検証や，なぜリース方式を採用したのかという理由を明確に示し，説明責任を果たすことは求められます。

　そのため，図表2－14のように，PFIに準じるようなステップで実施されることが多くなっています。

【図表2－14　リース方式の一般的なプロセス】

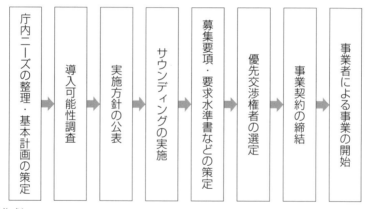

庁内ニーズの整理・基本計画の策定　→　導入可能性調査　→　実施方針の公表　→　サウンディングの実施　→　募集要項・要求水準書などの策定　→　優先交渉権者の選定　→　事業契約の締結　→　事業者による事業の開始

（著者作成）

ひとくちコラム2

PPP/PFIの参考事例 その①

　PPP／PFIを立体的なイメージとして把握するには，やはり参考事例を見るのが一番であろう。一覧化するにはNPO法人日本PFI・PPP協会の会員向けデータベース情報が便利であるし，日経BP社のウェブサイト「新・公民連携最前線」は，幅広いジャンルが取りあげられているうえに，丁寧な取材や深堀りした考察などもあって，大変役に立つ。またさらに，最近，内閣府や国土交通省が相次いで公表している，下記のようなまとめ資料なども多様な分野がコンパクトにまとまっていて，わかりやすい。

・内閣府民間資金等活用事業推進室「PPP/PFI事業の多様な効果に関する事例集」
・国土交通省総合政策局「官民連携（PPP/PFI）のススメ〜国土交通省PPP/PFI事例集〜」

　こうしたさまざまな全国事例のなかでも，これからPPP/PFIの事業化に取り組む"初めての担当者"にとって特にヒントとなる案件を，お勧めコメントとともに簡単にご紹介しようと思う（詳細情報は，当該自治体のウェブサイトなどでご確認いただきたい）。

①DBO

自治体	対象案件		概　要
広島県廿日市市	筏津地区公共施設再編事業（令和元年公募）		体育館，市民センター，図書館，子育て支援など8つの機能を持つ複合施設の整備運営。供用開始後の運営期間は15年間
	事業者	㈱フジタを代表企業とする構成企業7団体，協力企業2団体から成るグループ（うち，4団体が地元企業・団体）	
	お勧め理由	施設の規模・機能からみて，ある程度PPP/PFIに精通したゼネラルプレイヤーが参画することを期待しながらも，施設が発揮すべき機能が多く，地元密着の事業者の活躍が重要なため，地元企業が参画しやすい下記のような仕組みが取り入れられている（当社	

も，ローカルPFI型のアドバイザリ業務の際に，かなり参考にさせていただいた事例である）。

・廿日市市だけではなく東京でも説明会やサウンディングを開催。

・応募グループの組成に役立つよう説明会参加企業を対象にマッチングの機会を提供。

・応募に際し，SPCの組成が必須ではない。

・応募時に協力事業者や委託事業者が，他のグループにも参加してもよい旨がわざわざ明記されている（守秘は応募者リスク）。

・契約締結後，選定外となった構成事業者や協力事業者が，委託事業者として業務を受託できる旨がわざわざ明記されている。

・審査員として，学識経験者に加え，地元事情に詳しい市職員が複数選任されている。

②民設民営

自治体	対象案件		概　要
栃木県 宇都宮市	一条中学校跡地民間提案施設整備事業 （令和4年公募）		市中心部の中学校跡地を活用し賑い創出や地域活性化，魅力向上につながる独立採算事業
	事業者	㈱ヨークベニマル	
お勧め理由	中心市街地活性化計画対象区域にあり立地条件が良く，収益性を期待した多くの事業者からの参入が見込まれるなかで，「学校跡地」という公共性に配慮し，地域密着型の提案や公共的視点からの提案を引き出す工夫が取り入れられている。 ・募集要項とは別に示されている土地利用方針において，過去の市民アンケートによる市民ニーズなども紹介している。 ・募集要項において，土地利用に関するかなり詳細な情報を説明するとともに，事業提案に求める条件として，スーパースマートシティ実現への寄与など，事業対象地域を超える，市全体のまちづくりにおける重要方針に言及されている。 ・公募型プロポーザルの審査点数配分において，地域貢献が全体の20%を占める（一方，価格点は15%にとどまっている）。		

第**3**章 既存施設を活用する PPP/PFIの基礎知識

(1) 指定管理者制度を使いこなそう

指定管理者制度の特徴

　2003年（平成15年）に地方自治法が改正されて誕生した指定管理者制度[1]は，全国の自治体が保有している「公の施設」の管理運営を，自治体が指定した企業や団体[2]に包括的に任せる[3]という手法です。

　導入から20年あまりがたち，今ではすっかりおなじみとなった手法ですが，指定管理者制度の特徴を把握するために，制度導入当時によく見かけた旧制度（管理委託制度）との比較を，主な項目だけに絞って確認しておきましょう。

1　地方自治法244条の2
2　財団法人や社会福祉法人といった外郭団体などに加え，大学などの学校法人や地元の自治会といった市民団体が指定管理を行っている事例も珍しくない。
3　便宜上「任せる」と記載したが，指定管理者の権限は，他の多くのPPP/PFIのような契約に基づくものではなく，行政行為としての行政処分であるため，本来は，委任や委託ではなく「代行」という表現が正しいと思われる。つまり，指定管理者は行政代行者ということになる。そうしたことから，首長名義になっている施設の貸出許可書などを首長を代行して発行する権限が与えられている。

【図表3-1　管理委託制度と指定管理者制度の比較表（主たる項目のみ）】

項　目	管理委託制度 （地方自治法　改正前）	指定管理者制度 （地方自治法　改正後）
受託主体	・公共団体 ・公共的団体（農協，商工会，自治会等） ・一定の要件を満たす地方公共団体の出資法人	・民間事業者を含む幅広い団体 （法人格は必要ではないが，個人は不可）
管理権限	施設の設置者である地方公共団体が有するため，例えば施設の使用許可などはできない	指定管理者が有するため，条例の範囲内であれば，施設の使用許可も行える
利用料金制度	採用できない	採用することができる

（著者作成）

　図表3-1からわかるように，施設の貸出業務（つまり使用許可）や，利用者から収受した料金を運営費に充当するような仕組みを採用する際は，指定管理者制度を導入することが必要となります。このことは，PFI法との関係などでも重要となるため覚えておいてください（68頁脚注参照）。

　さて，この指定管理者制度の対象となる「公の施設」とは，地方自治法で「住民の福祉を増進する目的をもってその利用に供するための施設」（平たくいうと，もっぱら住民が利用する施設）と定義づけられており，もっぱら公務員の執務スペースである庁舎や消防署や，特別法の対象である学校や病院などは含まれていませんでした。

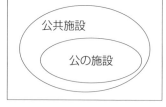

　しかし，もともとは特別法の対象として指定管理対象外だった道路や河川なども，清掃や定型の料金徴取，軽微な補修など一定の場合などに限りながら，適用対象として拡大されてきました。

【図表 3 － 2　公の施設の対象施設（総務省）】

1　レクリエーション・スポーツ施設
　　体育館，武道場，競技場（野球場，テニスコート等），プール，海水浴場，
　　宿泊休養施設（ホテル，国民宿舎等），休養施設（公衆浴場，海・山の家等），
　　キャンプ場，学校施設（照明管理，一部開放等）等
2　産業振興施設
　　産業情報提供施設，展示場施設，見本市施設，開放型研究施設等
3　基盤施設
　　公園，公営住宅，駐車場・駐輪場，水道施設，下水道終末処理場，
　　港湾施設（漁港，コンテナ，旅客船ターミナル等），霊園，斎場等
4　文教施設
　　図書館，博物館（美術館，科学館，歴史館，動物園等），公民館・市民会館，
　　文化会館，合宿所，研修所（青少年の家を含む）等
5　社会福祉施設
　　病院，診療所，特別養護老人ホーム，介護支援センター，福祉・保健セン
　　ター，児童クラブ，学童館等，保育園等

出典：総務省「公の施設の指定管理者制度の導入状況等に関する調査結果」（令和元年）

　つまり公の施設とは，図表 3 － 2 のとおり地域住民が利用する身近な施設が多く，そのため公の施設を管理運営する指定管理者制度の導入件数は，平成30年現在76,268施設[4]と，PPP/PFIのなかでも群を抜いて多くなっています。

自治体の個性が表れる指定管理者制度

　地方自治法によると，指定管理者に管理を「行わせることが『できる』」となっているため，実は，指定管理者制度を導入することは必須ではなく，現在も自治体が直営というスタイルのままで，管理運営の実務は業務委託という形で民間事業者[5]に任せているという場合もあります。もちろん，指定管理者制

4　総務省「公の施設の指定管理者制度の導入状況等に関する調査結果」令和元年版より
5　管理委託制度の時代は財団や公社などの出資法人が担っていたこともあり，独自の専門性を磨き，経験に培われたノウハウを発揮し，地域ネットワークを活かし充実した管理運営を行っている出資法人もある。便宜上「民間事業者」と記載しているが，優れた管理運営が行える団体であれば民間事業者でも出資法人でも遜色なく，ポイントは行政側の団

度を導入しても公募をせずに非公募（特命選定ともいう）のままということも珍しくありません。

　また，指定管理者制度の詳細は，条例で定めることになるため，導入する場合も，対象施設や範囲（単独施設個別か複数一括なのか）や指定管理の期間，利用料金制の有無などはすべて当該自治体に委ねられており，かなりバラエティに富んでいます。

【図表3－3　総務省データにみる指定管理の多様性】

項　目	全国の状況（令和3年現在）
指定管理の期間	最多は5年（72.7％），次いで3年（13.3％）。一方で，1年（1.0％）や10年以上（5.6％）という場合もある。
利用料金制度の導入	都道府県は45.5％，指定都市は42.5％，市区町村は54.4％となっており，市区町村の導入割合が最も高い。
選定の方法（公募かどうか）	都道府県は63.7％，指定都市は67.8％，市区町村は47.4％となっており，指定都市の公募割合が最も高い。
管理運営団体の種類	財団・社団などが23.9％，株式会社が23.5％，自治会・町内会が17.9％，社会福祉法人などが14.9％の順になっている。他は，コンソーシアムや学校法人，自治体や事務組合など。

（総務省「公の施設の指定管理者制度の導入状況等に関する調査結果」（令和4年）にもとづき著者作成）

　なお，管理運営にかかる費用は，利用料金収入では足りない部分を指定管理料として行政が指定管理者に支払うこととなるため，これらを整理すると，指定管理者制度には図表3－4のようなバリエーションがあることがわかります。

　体を見極めるチカラにある。

【図表3-4　事業費回収方法などによる指定管理者制度の事業分類】

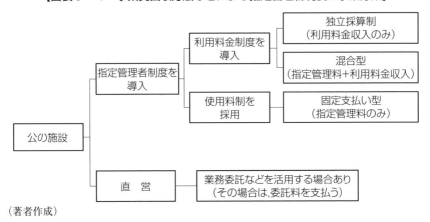

（著者作成）

　こうした，指定管理者制度の導入への多様性は，2010年（平成22年）12月に総務省が発出した通知「指定管理者制度の運用について」にも裏づけられるものです。

> 　指定管理者制度については，公の施設の設置の目的を効果的に達成するため必要があると認めるときに活用できる制度であり，個々の施設に対し，指定管理者制度を導入するかしないかを含め，幅広く地方公共団体の自主性に委ねる制度となっていること。

　制度導入当初こそ，指定管理者制度の導入が公の施設のメインストリームとなるよう旗を振っていた国も，自治体の多様性に委ねる方向にスイッチしていったことがわかります。

　そうしたこともあり，各自治体は「指定管理者制度運用ガイドライン」などを設け，自分たちの指定管理者制度への基本姿勢を明らかにしています。ある自治体の指定管理者制度に興味をもったら，まずはその自治体が定めているガイドラインを見ることをお勧めします。（PPP/PFIを一切導入していない自治体の担当者は，まずは指定管理者制度のガイドライン策定から取り組むことをお勧めします）。

指定管理者制度のプロセス

　指定管理者制度は，他のPPP/PFI手法とは少し異なり，何らかの施設の公募から選定までの手続きという視点とは別に，そもそも指定管理者という制度そのものを導入するステップが必要となります（現在が自治体の直営である場合）。

　そこで「制度導入の検討〜制度導入まで」と「公募〜選定まで」を1つの流れで表すと，図表3−5のようになります。

【図表3−5　指定管理者制度の導入・公募プロセス】

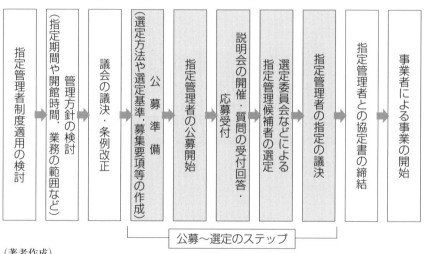

（著者作成）

指定管理者制度のメリット・デメリット論議を超えて

　指定管理者制度は，さまざまなPPP/PFI手法のなかでも，比較的早い時期に導入されました。当時は，「公共が担っているサービスを民間に開放する」ということがまだ珍しかったこともあり，また，以前から利用している身近な施設の管理運営者が変更になるという構図もあって，さまざまな議論が巻き起

こりました。

　こうした議論のきっかけの1つとなった事例をご紹介しておきましょう。

【図表3-6　ある市立中央図書館の指定管理者制度導入の事例】

導入の経緯	老朽化した複数施設を複合化して整備された社会教育福祉施設にある中央図書館に指定管理者制度が導入され，2010年3月より民間企業によるコンソーシアムが指定管理者として管理運営を開始した。
導入直後のメリット	床面積増加に伴い蔵書数が大幅にアップしたこともあり，貸出冊数は，指定管理者が民間企業になる前の2009年と比べ，2013年までの3年間で3倍に増加した。当時はまだ珍しかった，自動貸出機やカフェなども併設された。銀行通帳によく似た「読書通帳」制度が導入され，自動貸出機で図書を借りると記載機で記録できるというユニークな制度も導入され，市民の利用が急増した。
その後の状況	市が貸出冊数の実績によって指定管理料が変動する成果連動型を導入していたこともあり，貸出冊数による記念品贈呈キャンペーンなどが展開され，読書実態を伴わない読書通帳に記載するためだけの貸出が急増していた。レファレンス担当者のカフェ配置など，経営効率化のためのジョブローテーションも増え，これらに抗議する形で司書の半数が同時退職するといった事態も発生したこともあり，市は，指定管理者制度では事業品質が担保できないと判断し，最終的に直営に戻すこととなった。

（著者作成）

　公共サービスを民間事業者が担うことが珍しくなくなってきた現在であれば，この事例を読んでも，当時沸き起こったような「民間＝悪」という単純な反応をする方は少なくなってきたのではないかと思います。

　貸出冊数だけが成果指標となるのであれば，単純に図書貸出数を増やすための創意工夫を凝らすのは，ある意味"あたりまえ"であり，「何を成果とするか」「この地域におけるこの図書館が果たすべき機能は何か」といった定義を明確にしないままに指定管理者制度を導入しても，想定していたような効果が創出されないことは致し方ないことです。

　また，「民間＝悪」なので直営が当然である，という発想だけでは，カフェ

を併設した居心地のよい空間が魅力的な図書館は生まれないでしょうし，歴史的・教育的見地から重要な資料は充実しているけれども，話題の図書は一切配架されておらず，市民利用者も少なく，常に閑古鳥がないているけれども，「これが図書館の正しいあり方だ」というのも，いささか窮屈な発想です。

もちろん，「民間事業者は，創意工夫を凝らして施設を魅力的にしてくれるホワイトナイトだ」という逆の発想も，いささか偏りすぎです。地域住民の文化芸術への興味関心を高めるはずの文化センターで，集客のためだからといって，着ぐるみショーやお笑い演芸・カラオケショーばかりを展開されても困りますし，幅広い地域住民がスポーツや健康づくりに取り組むはずの施設が，お馴染みのスポーツサークルがリピート利用するだけの場所と化してしまっても困ります。

時代は常に変わっており，地域に必要な機能や地域住民から求められる公共サービスも変わっていきます。先にあげた図書館を例にとると，デジタル化がより進展すると，誰もが自分の居場所でインターネットで図書を読み，検索機能を駆使して必要な資料を調べることがカンタンにできるようになるため，図書館のあり方そのものも変わっていくかもしれません。

言い換えると，全国でも施設数が多く地域住民に密着した施設だからこそ，「民＝悪」「公＝善」といったステレオタイプの指定管理導入のメリット・デメリット論を超えて，指定管理という制度をうまく使いこなす[6]にはどうすればよいかという発想にたち，まちの魅力向上のために，真剣に知恵を絞るということが求められているだろうと思います。

そうした視点にたって，これから制度の活用を考え，指定管理者制度の熟度をあげる検討を行ううえで必要となるキーワードとポイントを整理しておきましょう（図表3－7）。

6　もちろんそこには，地域住民が納得するような一定の明確な理由によって，指定管理から直営に戻す，という判断を採用する場合も含まれる。

【図表３－７　指定管理者制度を効果的に活用するためのキーワード】

キーワード	ポイント
設置管理条例と発揮機能の整理	公の施設の設置や管理の詳細は条例[7]で定めることになっており，施設の設置目的も条例で定義されている。本来は，それに沿って管理運営することになるが，設置目的の文言が設立当初の古いままであったり，一般的で特徴のない言葉であったりするため，それだけでは，具体的に当該施設が発揮するべき機能が明確にはわからないことが少なくない。 　当該施設に期待される役割は，地域の社会環境や行政計画によっても変わるため，「指定管理者に期待すること」「指定管理者が発揮するべき機能」を具体的に整理し，募集要項などで共有することが望まれる。
受益者負担	一部の独立採算型の施設を除き，公の施設で行われる指定管理事業には，指定管理料という公金が投入されている。例えば，演奏会の鑑賞や保養施設の宿泊などについて，利用者の負担を減らすと（つまり，チケット代や宿泊料を安くすると）集客性は高まるものの，実際にかかる費用との差が広がると，差額を補填する指定管理料が高くなる。その場合，施設利用者のための指定管理料を，施設を全く利用しない住民も担うこととなってしまう。 　元は税金である指定管理料という形で，薄く広く地域住民に負担させることが望ましいのか，実際に演奏会鑑賞や施設宿泊といったサービスを利用した人（つまり受益者）が負担することが望ましいのか，施設が発揮するべき機能に照らし合わせて整理していくことが必要であろう。
グルーピング／バンドリング[8]	指定管理を公募する際に，どういう単位で行うかという考え方を表すもの。施設単独ではなく，例えば「市内10公園をまとめて一括公募」といった場合がグルーピングであり，「文化施設と公園を一括公募」など，所管を超えて一括公募を行う場合は，バンドリングとなる。 　単独公募よりも，ある程度施設数がまとまっている方が事業規

7　地方自治法244条の２に規定。設置条例，設管条例のように省略することも多い。
8　本書では「バンドリング」という言葉を指定管理者制度の解説のみで取り上げているが，実際にはインフラ施設の場合などにも，包括管理や一括管理と同じ意味として，バンドリングという言葉はよく使われる。

	模が大きくなり民間事業者が参入しやすい傾向[9]にあるが，まとめ方によっては，それまで担っていた地元事業者が実績の評価などで不利になる場合もあり，慎重な検討が必要とされる。 　なお，幅広い民間事業者の参入を目的に事業規模を大きくするため，近隣に位置する庁舎などの「公の施設」以外の公共施設とのバンドリングをあえて行う場合もあるが，その場合は，公の施設の指定管理者に，公の施設ではない公共施設部分の維持管理業務などを業務委託する方法が採用されることが多い。
事業の継続性／ 実績評価による 継続制度	飼育が難しい動物の管理や，利用者それぞれの個性に合わせた就業訓練対応など，事業内容によっては同一の事業者が継続的に実施したほうが好ましい場合もある。そうした場合には，条例において指定期間を比較的長めに設定することで，事業の継続性を担保することが一般的である。 　一方，指定管理者を指導・監督する立場にある自治体にとっては，公募方式を採用している場合でも，優秀な指定管理者であれば継続的に指定することが，住民サービスの維持という視点からも望ましい。そこで指定期間中の管理運営実績を次期選定時の評価対象に加えるのが，実績評価による継続制度である。 　大別すると，倉敷市などが採用している「更新制」と，横浜市などが採用している「加点制」が挙げられる。 ・更新制…当初公募により選定された指定管理者が，モニタリングの結果など一定の条件を満たした場合に，次は非公募で再指定する制度。倉敷市の場合は，通算3期で合計10年以内とされている。 ・加点制…現指定管理者が次期も応募した際，指定期間中の実績に応じ選定時に加点する制度。横浜市の場合[10]は，加点は最大でも10%までとされており，要求水準に達しなかった場合は減点されることもあるという加点減点制となっている。

（著者作成）

9　長年グルーピングされていた場合は，逆に個別に分けて公募することで新たなビジネスチャンスが生まれるという理解がなされ，民間事業者の参入意欲が向上する可能性がある。ただし，事業規模が小さくなるため，指定管理実績が多い大手企業の参入が増えるとは限らないことに注意が必要である。

10　横浜市では，こうした指定管理者の実績に基づく加点制のほかにも，市内中小企業の参入機会の増大を図るために，市内中小企業の参入には5％程度の一律加点を行う制度を導入している。同様の制度は，東京都北区や足立区をはじめ，いくつかの自治体でみられる。

　こうした検討は全国各地で行われており，なかには，指定期間終了時に直営に戻すケースも出てきています。こうした議論を行い続けることは，市民生活に密着した公の施設にかかわる指定管理者制度に求められる特徴だといえるでしょう。

　これからも，管理運営実態を適切に評価・検証し，指定管理者制度をさらに効果的に活用しようという自治体の試行錯誤は続いていくと思われます。

指定管理の第三者評価とは

　指定管理者の管理運営状況について，指定管理者自らの事業報告や担当する行政所管部署によるモニタリング，利用者へのアンケートなどに加え，客観的あるいは専門的な立場から評価するために，第三者による評価を行う制度（いわゆる第三者評価[11]）を導入する自治体が増えてきています。

　第三者評価の評価結果を公表することで管理運営状況の透明性を高めたり，評価結果を指定管理者にフィードバックすることで住民サービスの改善を図ったり，施設現場を第三者的な視点からチェックすることで危険個所がないかを確認したりする目的などから活用されています。

　評価だけに主眼を置く場合もあれば，指定管理者へのアドバイスを重視するケースもあるなど，第三者評価制度の運用方法は自治体によってさまざまですが，主なパターンをいくつかご紹介しておきましょう（図表3－8）。

11　厚生労働省が指針を示しており，福祉サービスを提供する施設に対して行われる福祉サービス第三者評価も，同じように「第三者評価」と呼称されることがあるが，評価の視点や評価機関が異なる。

【図表3－8　指定管理者第三者評価の主な事例】

第三者評価の概要	導入自治体の例
第三者評価の資格[12]や経験などを有する者（いわゆる第三者評価機関）を評価員として選定し，その者が一定の評価基準に沿って，現地施設の訪問や管理運営資料の確認，職員ヒアリングといった書類評価と実地評価を行い，評価結果をとりまとめて行政に報告する。	横浜市，さいたま市，戸田市，東大阪市，河内長野市　他多数
財務・労務の専門家や評価対象施設に関する分野の専門家に加え，施設利用者や地元住民なども含む第三者評価委員会を設置し，主として管理運営資料の確認等により評価を行い，評価結果をとりまとめて行政に報告する。	群馬県など
第三者評価の経験などを有する者を評価員として選定し，その者が書類評価や実地評価を行ったのち，改善すべきポイントを洗い出し，行政と一緒に指定管理者に対して継続的にアドバイスを実施することで，指定管理者の管理運営の質を高めていく。	真室川町など
第三者評価は導入せず，指定管理者の自己評価と所管課のモニタリングで評価を行っているが，指定管理者を選定する選定委員会で毎年の評価内容に関しても審議することで，評価と選定の連続性を持たせている。	千葉市など

（著者作成）

PFIと指定管理者制度の関係

　PFIを活用して公共施設の設計・建設・運営・維持管理を包括的に民間事業者に任せる際に，施設の使用許可や利用料金の収受も合わせて民間事業者に行ってもらうには，PFI事業契約の締結に加えて，当該施設を条例で「公の施設」として位置づけ，指定管理者制度を導入することが必要となります。

　総務省が2004年（平成16年）に見解を示している[13]ように，指定管理者を選

12　横浜市では，市独自の第三者評価員研修制度を設けており，研修を受講し試験に合格した評価員を保有する組織を第三者評価機関とすることで，第三者評価員の質を確保している。

13　平成16年度第2回自治体PFI推進センター専門家委員会における配布資料による。

定する手続きは条例に委ねられているため，PFI事業者を同時に指定管理者として選定することができるよう条例で規定することも可能だとされています。また，公の施設の設置管理条例は，施設の建設前であっても，対象となる公の施設の目的や施設の状況が明らかになれば定めることができるとされているので，PFI契約に関する議決を行う議会と同じ議会で設置管理条例を定め，指定管理者の指定議決を行うことも可能となります。

　そうしたことから，PFIの公募と指定管理の公募を別個で行うのではなく，同時に実施されることが一般的になっているのです。

⑵　公園の魅力を高める設置管理許可とPark－PFI

Park－PFIの必要性と従来の公園管理とは違う点

　都市公園は，ひとびとのくつろぎと交流の空間であり，魅力的な都市景観を創り出し，広い空地として都市の防災性の向上に役立つなど，多様な機能[14]を持つ重要な公共施設です。そのため，住民1人当たりの都市公園敷地面積の標準を10㎡に設定する[15]など，都市公園の拡大策が続けられました。その後，2013年（平成25年）には全国10万カ所，1人あたり10.1㎡となり，都市公園拡大の必要性が落ち着きを見せるなかで課題となってきたのは，将来的な更新を含む維持管理経費をどう確保するかと，公園そのものの魅力向上にどう取り組むか，ということでした。

　そうしたことから，国土交通省は2014年（平成26年）に「新たな時代の都市マネジメントに対応した都市公園等のあり方検討会（あり方検討）」による検討を重ね，公園という資産（ストック）の効果を高め，民間との連携を加速し，より柔軟に都市公園を使いこなすという方向性を打ち出しました。その流れを受けて，2017年（平成29年）に都市公園法が改正されて導入されたのが，公募設置管理制度（いわゆるPark－PFI）です（PFIという愛称ですが，PFI法とは関係がありません）。

　実はそれまでにも，都市公園の魅力を高める制度として，設置管理許可とい

14　これらの他にも，「生物多様性の確保」が都市公園の役割として掲げられていたはずなのだが，最近都市公園において，数百本，数千本単位の大量の樹木の伐採が続いている（計画中も多数）。これはひょっとすると，著者が知らないうちに公園に期待される機能の定義が変わってしまっているのかもしれないため，ここでの記載はあえて控えている。なお全くの余談だが，わが国は，ネイチャーポジティブを推進するTNFD（自然関連財務情報開示タスクフォース）フォーラムに，既に参画している。
15　都市公園法施行令1条の2

う制度が都市公園法の改正[16]で導入されていました。これは，民間事業者などが，「公園の機能の増進に資すると認められるもの」を設置したり管理したりすることを申請に基づいて許可できる制度です。

　2008年には，この制度を使って富山県の富岩運河環水公園にスターバックスコーヒーが出店し，「世界で一番美しいスタバ」[17]として有名になったことは聞いたことがある方も多いと思います。

　このように，Park‐PFI導入前からも公園の魅力増進方策は制度としてありましたが，「あり方検討」以降，より民間事業者が活用しやすいように見直しが進み，設置管理許可制度を緩和し特例を認めたものがPark‐PFIということになります。

　「パークPFI」という言葉のインパクトが強く，事例を取り上げたマスコミの力も相まって，PPP／PFIの制度のなかでは比較的スピーディーに浸透したことから，"公園を効果的に利活用する方策はすべてPark‐PFIである"という誤解もみられますが，設置管理許可制度を活用している飲食店も全国で601店舗（令和2年現在[18]）もあり，先にあげた指定管理者制度なども公園の魅力向上のための手法として全国で活用されていることから，公園の魅力向上には多様なPPP/PFI手法が活用されていることにご留意ください（図表3‐9）。

16　平成16年改正。「当該都市公園の機能の増進に資すると認められるもの」という文言が追加された。

17　2008年にストアデザインアワード最優秀賞を受賞。ちなみに，2010年にもスターバックスは福岡市の福岡大濠公園店においてストアデザインアワードの最優秀賞を受賞しているが，この時はPPP/PFIとして指定管理者制度が導入されており，設置管理許可に基づくものではない。

18　国土交通省都市局「公募設置管理制度（Park‐PFI）について」（令和2年2月）より

【図表3－9　公園の魅力向上のために活用されることが多いPPP/ PFI手法】

	指定管理者制度	設置管理許可制度	Park－PFI (公募設置管理制度)
根拠法	地方自治法	都市公園法	都市公園法
事業主体	民間事業者 (PFIの場合には必要なSPCの設立は，特に必要ではない)		
費用負担	飲食施設などは通常は自主事業扱いとなるため独立採算	独立採算	独立採算（ただし後述のとおり，特定公園施設は公共負担もあり）
事業期間	地方自治法上の規定はないが３～５年が一般的	都市公園法上，最長で10年（更新可能）	投資回収がしやすいよう，上限を20年に緩和
その他	建ぺい率[19]は都市公園法に準じる	建ぺい率は原則２％	建ぺい率を12％に緩和。駐輪場や看板の設置可能など占有物件の特例あり

※上記のほか，140頁の都市公園リノベーション協定制度も活用されている。
（著者作成）

Park－PFIの基本構造

　Park－PFIとは，先に述べたとおり，民間事業者のアイデアやノウハウを活用して都市公園に飲食店や売店などを設置することで，公園の魅力向上と管理コストのさらなる低減を図るためのPPP/PFI手法で，一定の条件のもとで，従来の設置管理許可で定められていた要件などを緩和するものです。

　その条件とは，園路や広場といった公園の公共部分の整備を一体的に行うこと。つまり，平たく言うと，「飲食店や売店（法律上は公募対象公園施設といいます）などを設置してドシドシ稼いでもらって構わないから，その代わり，その利益の一部で，公園の公共部分（法律上は特定公園施設といいます）の管理も負担してね」という制度です。元は税金で整備した公園で収益をあげるのだから，何らかの形で公共に還元するのは当然ですし，逆に公園そのものが荒

19　建ぺい率とは，都市公園の敷地面積に対する建築物の建築面積の割合のこと。

れ放題では，肝心の飲食店や売店の利用も伸びないため，出店する以上は公園の維持管理も徹底したいところですから，ある程度，理にかなった制度だといえるでしょう。

【図表3－10　Park－PFIの制度イメージ図】

出典：国土交通省「都市公園法改正のポイント」

とはいえ，ドシドシ稼ぐには，投資環境にふさわしい条件を整備することが必要です。そこで，Park－PFIとして3つの特例措置が導入されました（なぜ「特例措置」という言葉を使うのかというと，Park－PFI（公募設置管理制度）という新しい制度が導入されたわけではなく，従来からある設置管理許可という制度に，特別なオプションをつけた制度だからです）。

それが，図表3－9でも記載した，①設置管理許可の期間の延長（10年→20年），②建ぺい率の緩和（2％→12％），そして③占有物件の設置に関する特例です。いずれも，民間事業者が投資対象として求める要件を分析して導入されており，参入を促すインセンティブとして機能しています。

【図表3－11　Park－PFI（公募設置管理制度）の必須要件と特例措置】

特例が認められるための必須要件
公募対象公園施設（飲食店や売店などの収益施設）を設置，管理する者が，特定公園施設（園路や広場，トイレなどの公共部分）をあわせて整備すること

特例①	**設置管理許可期間の延長** 設置管理許可の期間は10年だが，投資回収を行うという観点からはいささか短いため，上限が20年に延長される。 （都市公園法5条の2）
特例②	**建ぺい率の上乗せ** 都市公園ではオープンスペースを確保するため，建ぺい率（都市公園の敷地面積に対する建築物の建築面積の割合）が，原則[20]として2％に規定されているが，いささか狭いため，10％上乗せされ12％に緩和される。 （都市公園法4条＋都市公園法施行令6条）
特例③	**利便増進施設の設置OK** 公園で占有できる工作物は，電柱や水道管，公共駐車場，ポスト，競技会用の仮設テントといったものだけに限られ厳しく制限されているが，このままでは事業運営上いささか不便なため，駐輪場やレンタサイクルポート，さらにイベント告知や地域情報発信のための看板や広告塔を，事業の収益性を高め地域住民の利便を増進するための「利便増進施設」として設置できる。 （都市公園法7条＋5条の2）

（国土交通省資料などをもとに著者作成）

　このうち，特例②の「建ぺい率の上乗せ」については，Park－PFI導入前からある規定と関係するため，図表3－12のような少し複雑なルールとなっています。

20　運動施設や教養施設，休憩施設などを都市公園に設置する場合の建ぺい率は，Park－PFIの導入前より，2％ではなく10％と規定されている。

【図表 3 −12　Park−PFIによる建ぺい率の上乗せルール】

主たる要件		建ぺい率の上限
基本の建ぺい率は，2 ％（ただし脚注20参照）		2 ％
休養施設，運動施設，教養施設などを設置する場合は，+10%	それぞれに10%ではないことに留意	12%
飲食や物販などの公募対象公園施設等を設置する場合は，+10%		
国宝や重要文化財，登録有形文化財や，天守閣[21]のような景観重要建造物等を設置する場合は，さらに+10%		22%
屋根付き広場などの高い開放性を有する建築物等は，+10%		12%

（国土交通省資料などをもとに著者作成）

　なお，上記の「建ぺい率」とは，あくまでも国が設置する都市公園に対する規定のため，地方公共団体の都市公園については，条例で定められることになります。そのため，Park−PFIの導入を検討している自治体は，まずは，公募対象公園施設の建ぺい率を条例で定めなければ，こうした建ぺい率の特例が受けられないことに注意してください。

Park−PFIのプロセス

　Park−PFIで事業者を募集するプロセスは，図表 3 −13のとおりとなります。これを見ればわかるように，PFI法では，「実施方針の策定」及び「特定事業の選定」というステップが定められていますが，Park−PFIでは，都市公園法において，PFIの募集要項と要求水準書の作成と公告（募集開始）にあたる「公募設置等指針の策定」が定められているだけで，指定管理者制度と同様に，募集までの手続きがシンプルになっています（図表 3 −13のうち，網掛け部分が，都市公園法に定められている手続きです）。

21　大阪市の景観重要建造物の第 1 号。ちなみに，大阪城天守閣のある大阪城公園はPark−PFIではなく，指定管理者制度が活用されている。

【図表3－13　Park－PFIの主なプロセス】

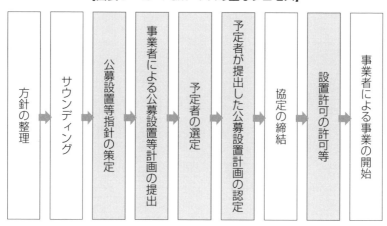

方針の整理 → サウンディング → 公募設置等指針の策定 → 事業者による公募設置等計画の提出 → 予定者の選定 → 予定者が提出した公募設置計画の認定 → 協定の締結 → 設置許可の許可等 → 事業者による事業の開始

（内閣府その他資料をもとに著者作成）

　Park－PFIは，正式名称が「公募設置管理制度」のため，PFIや指定管理で用いる「事業提案書」の代わりに「公募設置等計画」という言い方をします。民間事業者が，その計画をプランニングするための前提となる要件を公共側が示したもの（いわば，募集要項＋要求水準書）が「公募設置等指針」です。

　飲食店や売店といった公募対象公園施設は，民間事業者が自ら投資をして公費負担なく設置・運営することになるため，PFIのような細かい要求水準を示す必要はなく，指針で示される項目は，比較的シンプルに定められています。そのため，民間事業者が提出する公募設置等計画に記載すべき項目も，指針で示された項目を具体的にプランニングした内容に加え，建設計画や資金計画・収支計画ぐらいであり，やはりシンプルになっています。

【公募設置等指針で示される主な事項】（法5条の2）

・公募対象公園施設の種類（飲食や物販など），設置場所，開始時期
　　　　（具体的に示さず，民間事業者からの提案の幅を持たせてもよい）
・（民間事業者が提案する）使用料の最低額
・特定公園施設の建設に関する事項，負担額の負担方法

> ・利便増進施設の設置に関する事項
> ・計画の認定有効期間（最長20年）
> ・（提案する民間事業者を選定するための）評価の基準　　　　　　など

　このなかでユニークなのは，民間事業者が提案する使用料の最低額に関する規程です。この「使用料」とは，公園という行政財産を利用するために公共に支払う地代家賃のようなものですが，公共が提示する最低額に対していくらを提示するかは，民間事業者にとって，応募する際の勝負どころの1つとなります。

　そのため，条例で定めた額を上回る提案[22]が出された場合であっても，条例改正手続きを経ず，民間事業者が提案した額を使用料として徴取することを都市公園法において規定しています。提案額＝実際に支払う地代家賃となる，と規定することで，民間事業者が収支計画を立てやすく，かつ，適正な価格競争を可能としているのです。

　ただ，それだけでは，経費縮減に取り組みたい自治体にとって，受け取る使用料をできるだけ高く提案してくれる事業者の方が，地元への貢献度が高いと誤認してしまうかもしれません。また，集客性の高いカフェやレストランだからといって，景観を損ねるようなアイデアでは困ります。

　そのため，評価基準を設定する際は，公共はあらかじめ学識経験者からの意見を聴かなければならないと都市公園法及び国土交通省令で定められています。

22　都市公園法に「条例を上回ってもよい」と記載されているわけではないので理解しにくいという質問が寄せられることがあるが，これは法5条の2で「条例を下回ってはならない」（つまり同額か上回ることはOK）とされ，法5条の7第3項で「認定した計画に記載された使用料の額とする」（つまり提案額が，同額か上回る額だったとしてもそれで決まり）という文言解釈から導き出される。

(3) 注目されている公共施設等運営事業（コンセッション事業）

公共施設等運営権（コンセッション）の概要と導入意義

　英語のコンセッション（concession）とは，「公的に認められた権利」などを表す時に使う言葉で，an oil concessionというと，石油採掘権のことを表します。

　それと同じように公共施設などを運営することを公的に認められた権利，すなわち公共施設等運営権の愛称をコンセッションと言います。

　2011年（平成23年）のPFI法の改正によって創設された制度であり，地方自治体は，公共施設などの運営権を民間事業者に付与し，民間事業者はその運営権に基づいて思い切った投資や改修なども行って施設の魅力を高め，利用料金を自らの収入としつつ独立採算で管理運営を行うPFIの一種です。

　この制度が創設されたおかげで，既存施設の管理運営を行う場合に，施設が抱える現状に制限されることなく，施設のポテンシャルを活かしながら自分達のノウハウを導入した自由度の高い運営ができるようになりました。

【図表3−14　コンセッションのスキーム図】

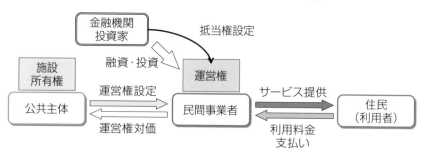

出典：内閣府「公共施設等運営（コンセッション）方式について」　一部改訂

コンセッション事業と一般的なPFIとの違い

　公共施設等運営権（コンセッション）は，先に述べたとおり，独立採算型を前提としているため，いったん民間が資金提供するものの公共が割賦払いで返済する，他のPFIとは異なる特徴がいくつかあります。

　主なものとしては，次の3点があげられます。

1）　利用料金を徴収する施設である

　公共施設等運営権が設定されると，民間事業者は，利用者が払う利用料金を自らの収入として運営することになります。そのため基本的に，入園料が無料の公園や，無料の公共駐車場などを対象に設定することはできません（その場合は，先に述べた，Park-PFIや指定管理者制度などを活用することになります）。

2）　運営と維持管理が対象である

　PFI法2条6項において，公共施設等運営権は運営や維持管理が想定されていますが，建設は含まれていません。そのため施設を新設する際には，基本的には，通常のPFI事業で施設整備を行った後に，公共施設等運営権を設定することになります。

3）　運営権は土地と同じ「物権」として扱われる

　公共施設等運営権は，PFI法の改正によって創設された際に，法的な性格は「物権」と規定されました（PFI法24条）。そのため，土地や建物と違って物のかたちがない（有体物ではない）にも関わらず，担保に入れて資金を借りることもできますし，もしも民間事業者の経営が厳しくなった場合は，第三者に譲渡して事業を継続することで，利用者に対し公共サービスを切れ目なく提供することができます。

　こうした取扱いは，民法において「物権は法律で創設できる」（175条）と規

定されていることに基づきますが，目に見えない権利を「物権」とみなすのは，なかなか大胆なルールです。しかし，このルールのおかげで，公共施設等運営権を抵当に金融機関や投資家から資金を得ることができ，早い段階から大型の設備投資を行うことが可能となるのですから，なかなか心憎い大胆さです。

公共施設等運営事業（コンセッション事業）のプロセス

公共施設等運営権は，先に述べたとおりPFI法に基づく制度のため，プロセスも一般的なPFIと大きくは異なりません。

ただし，運営権を設定することを実施方針に記載しなければならないことや，事業者選定後，速やかに運営権を選定された事業者に設定することが手続きとして追加されています。また，利用料金収入が発生する指定管理者制度と同様に，議会の議決を経ることも必要となります。

またさらに，先に述べたとおり運営権は物権と同じ性格を法的に付与されており，担保として抵当権を設定することもできるため，土地・家屋を登記するのと同じように，公共施設等運営権登録簿に運営権を登録する手続きが必要となります。

【図表3－15　コンセッション事業の主なプロセス】

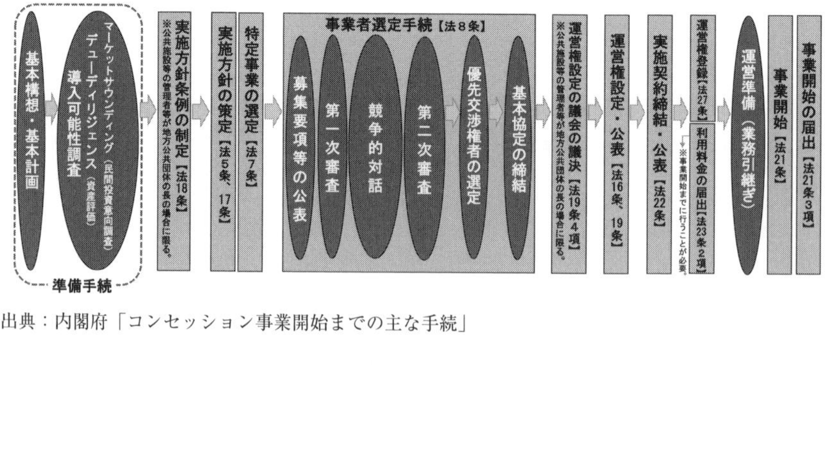

出典：内閣府「コンセッション事業開始までの主な手続」

コンセッションの「重点分野」とは

　令和4年度改定版の内閣府「PPP/PFI推進アクションプラン」では，令和4年度〜令和8年度の5年間において，「重点分野」について，コンセッションをはじめ全国で70件程度を具体化[23]することがターゲットとして設定されました。

　その後，令和5年度改定版において，令和4年度〜令和13年度の10年間で575件とターゲットが大幅に増えたのに合わせ，PPP/PFI手法もコンセッション以外も追加されています。

　そのうち，中核として想定されているのはコンセッションです。それは，重点分野の選定の考え方に起因しています。そこで「重点分野」とは何かを簡単にみておきましょう。

　重点分野とは，民間のビジネス拡大効果が特に高い分野や，今後インフラなどの資本（ストック）の維持更新について大きな課題を抱えることが予想される分野，そして，道路やハイブリッドダムなどの，新たにPPP/PFIを導入することによって取組みが加速することが期待できる分野であり，令和5年現在では，次の13タイプが指定されています。

【重点分野に指定されているもの】

空港，水道，下水道，道路，スポーツ施設（スタジアム・アリーナ等），文化・社会教育施設，大学施設，公園，MICE施設，公営住宅，クルーズ船向け旅客ターミナル施設，公営水力発電，工業用水道

　これらの案件については，国の支援施策が充実していくことが想定されるため，どこからPPP/PFIに取り組むかを悩んでいる自治体担当者は，ひとまずこれらの重点分野を対象として検討を深めることも効果的かもしれません。

23　これらの件数は，事業を実施している案件数だけではなく，事業実施の決定に至る前段階の，例えば具体的な検討を行っている段階の案件なども対象とされている。

(4) 包括的民間委託とは

包括的民間委託の概要

　包括的民間委託とは，通例は地方自治体の各所管課が，施設別や業務別に細かく単年度発注している維持管理業務[24]（清掃，警備，植栽管理，保守点検，修繕など）をとりまとめ，複数年・性能発注で包括的に委託するPPP/PFI手法を表します。

　簡単にいうと，「バラバラ発注」をやめて「まとめて発注」にするというもので，まとめ方はさまざまですが，行政側の発注手続きなどにかかる人的・時間的コストが大きく縮減できるというだけではなく，1つひとつは小規模な業務がまとまるため，民間事業者の創意工夫が活かせ，効率的・効果的に業務が行えるようになるという効果があります。

【図表3-16　包括的民間委託のイメージ】

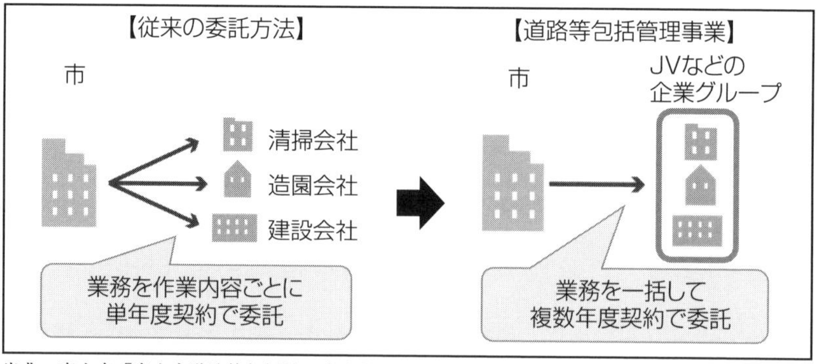

出典：府中市「府中市道路等包括管理事業推進方針」（令和2年）

24　維持管理業務ではなく，受付や来客対応，手続きといった事務業務を包括的に委託する包括的民間委託も活用されている。「まちづくり」といった観点から採用される手法ではないため，本書ではあえてPPP/PFIの対象から外しているが，事務業務の包括的委託の活用事例も決して少なくはない。

PFIやPark－PFI，指定管理のように，法律改正で生まれた手法ではない[25]ため，呼称にも揺れがあり，「包括外部委託」といったり，単に「包括委託」という言葉で表されていることもあります。

極論をすれば，従来行っている委託方法を変更する手法であり，基本構想や基本計画の策定といった手続きが不要で，多くの部分を庁内の情報の整理・検討を中心に進めることが可能なため，実際に自治体から寄せられた意見によると，初めてPPP/PFIに取り組む自治体にとって一番取り組みやすい，という感想を抱く自治体職員が多いようです。

なお，包括的民間委託が最も進んでいる領域は下水道分野（下水処理場やポンプ場，管路などの維持管理・修繕・更新など）ですが，117頁のウォーターPPPでまとめて紹介することとし，ここでは，道路や公園，施設管理などの包括的民間委託を前提として取り上げています。

包括的民間委託が求められる背景・メリットと留意点

包括的民間委託は，脚注25のとおり，元々は民間人のアイデアから生まれたPPP/PFI手法の1つですが，既存の社会インフラを取り巻く環境から想定される，図表3－17のような潜在的リスク（一部は既に顕在化）に対応する方策として機能を発揮することが期待されています。

【図表3－17　社会インフラを取り巻く環境（特徴）と潜在的リスク】

特徴	潜在的リスク
経年による劣化	・老朽化の進行により，管理負担が増大する。 ・修繕対応などの目の前の業務に追われ，先を見通した業務計画の策定やより良い手順等の導入の工夫，さらに維持管理業務全体のマネジメントなどが導入されなくなる。

25　日本で最初に包括外部委託を発案したのは民間人で，平成23年に大成サービス株式会社（現大成有楽不動産株式会社）の平田克人氏が発案し，我孫子市の提案型公共サービス民営化制度に提案し採用されたのが初めてだといわれている。

| 対応職員の業務変化 | ・少子化で自治体職員が減少していくなかで，技術職員の退職などにより，技術継承が難しく管理負担が増大する。
・社会課題の多様化によって，業務が煩雑化してきており，職員にしかできない業務に注力する時間的余裕が減少している。 |
| 担い手（事業者）の減少 | ・経営者や従業員が高齢化してきており，廃業などで企業数が減少していく。 |

（著者作成）

　また，包括的民間委託を導入することで，1つひとつは小規模な業務がまとまったり，それまでは単年度契約だったものが複数年契約となり，民間事業者のノウハウが発揮しやすくなることから，次のような効果も確認されています。

【図表3-18　包括的民間委託導入の主なメリット】

項　　目	主なメリット
業務品質の向上	性能発注のため，具体的な業務遂行について民間事業者のノウハウが活かされることとなり，結果として業務品質の向上につながる。
窓口の一本化	個別発注の場合は，修繕や保全対応の依頼について，自治体から各業者にバラバラに対応要請が必要だったが，包括発注の場合は，問合せ窓口が一本化されるため時間コストの削減になる。
計画的な業務遂行	個別発注では，異なる業者がそれぞれに適した方法でバラバラに作業を行っていたが，包括発注の場合は，各作業の実施時期や配置人数などをトータルでマネジメントできるため業務遂行の計画性が高まる。
発注業務の効率化	一般的には，工種ごとに単年度で個別に入札などで発注していた維持管理業務が，複数年で，かつ一本化されるため，発注業務にかかる自治体職員の膨大な時間コストが縮減できる。

（複数の事例を題材に筆者作成）

　特に留意するべきなのは，コスト縮減効果への過度な期待を排除する必要性です。平たくいうと，包括的民間委託という手法は，見た目のコスト縮減には直結しない可能性が高いということを理解しておくことが必要なのです。

　包括的民間委託は，多数の維持管理業務を束ねて発注するため，全体での委

託金額規模は大きくなるものの，それぞれの個別業務・個別作業が特に減るわけではありません。先に述べたように，たくさんの業務を包括的にマネジメントすることになるため，作業時期をうまく組み合わせることよる時期・時間の最適化や，窓口の一本化による対応スピードの向上などは期待できますが，民間事業者側にそうしたコントロール機能が必要となるため，その分のコストが必要となり，包括的民間委託を導入しても大幅なコスト削減が期待できるとは限りません。

　むしろ，維持管理品質の向上や公共側の発注コスト（時間コスト）の大幅な低減が，包括的民間委託導入の最大のメリットであることを，庁内で理解しておくことが望まれます。

　導入に際しての効果検証であるVFMの算出においても，図表3－19のように，担当行政職員の作業時間人件費を活用して検証する事例が増えてきています。

【図表3－19　包括的民間委託の導入によるVFM算出方法例（府中市）】

▌府中市におけるVFMの算出方法①
① 道路管理に係る作業内容及び作業時間の整理
　－ヒアリングにより，市職員が実施している道路管理に係る作業内容と各作業内容に要している時間を整理
② 道路管理に関わる業務コストの算定
　（人件費）
　－内部資料により，職位ごとの人件費を把握し，ヒアリングで申告のあった作業時間を用い，職位ごとの時間単価を推定
　－当該時間単価に各作業内容に要している時間を乗じ，業務ごとの人件費を推定

　　　職位ごとの時間単価
　　　　＝職位ごとの総人件費÷総作業時間

　　　業務ごとの人件費
　　　　＝時間単価×当該業務に要する時間

出典：国土交通省「包括的民間委託の導入検討事例－府中市及び三条市の事例を踏まえた導入検討プロセスと検討内容の整理－」

包括的民間委託のプロセス

包括的民間委託の一般的なプロセスは図表3−20のとおりです。

【図表3−20　包括的民間委託の主なプロセス】

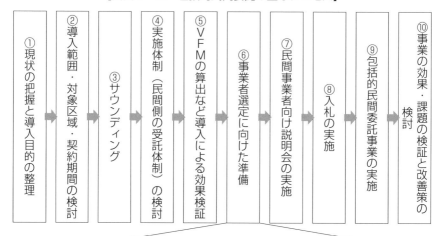

①現状の把握と導入目的の整理

②導入範囲・対象区域・契約期間の検討

③サウンディング

④実施体制（民間側の受託体制）の検討

⑤VFMの算出など導入による効果検証

⑥事業者選定に向けた準備

⑦民間事業者向け説明会の実施

⑧入札の実施

⑨包括的民間委託事業の実施

⑩事業の効果・課題の検証と改善策の検討

・導入後のモニタリング手法の検討整理
・参画要件の整理（経験，保有資格，技術者配置など）
・事業者選定方法の検討整理
・予定価格の算出
・委託料の支払方法の検討整理

（国土交通省資料などをもとに著者作成）

　上記のプロセスのうち特に重要なのは，委託の目的と範囲の絞込み（上記①・②），期待する導入効果の整理（上記⑤），事業の導入効果と検証（上記⑩）の3つのステップだといわれています。

　少しずつ増え始めている先行事例なども参考に，それぞれの地域課題に応じて，どの範囲から導入し，どのように検証するかを整理しておくことが望まれます。

(5)　ウオーターPPPとは

水道・下水道の老朽化の現状と今後の方向性

　2021年に和歌山市内を流れる紀の川にかかる六十谷（むそた）水管橋が，地震や台風でもないのに突然崩落した事故は，水管橋が中央付近でポキッと折れた映像の衝撃に加え，断水からの復旧に約1週間もかかり人々の暮らしに大きな影響を与え，水道関連施設の重要性を強く感じさせる出来事となりました。

　実は，こうした大きな事故ではなくとも，漏水や破損，道路の陥没といった不具合は全国で頻発しており，水道の漏水や破損事故が年間2万件[26]を超え，下水管路に起因する道路陥没は年間2,700件[27]に上るともいわれています。それというのも，水道や下水道は高度経済成長時代に整備されて以降，長期にわたり活用されてきたインフラであり，管路の老朽化が進み耐用年数を超えても，そのまま使われている水道管路の割合が年々上昇しているからです。

【図表3-21　管路経年化率の現状】

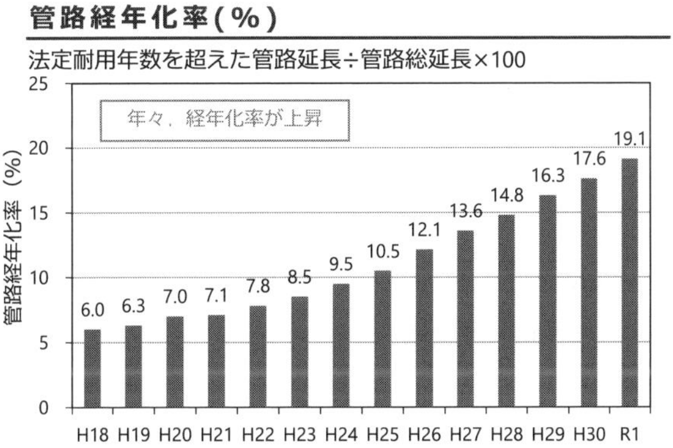

管路経年化率(％)

法定耐用年数を超えた管路延長÷管路総延長×100

出典：厚生労働省「令和3年度全国水道関係担当者会議」（令和4年）

26　厚生労働省「水道の基盤強化に向けた水道法改正について」
27　国土交通省「管路施設に起因した道路陥没件数の推移」国土交通省ウェブサイト
　（https://www.mlit.go.jp/mizukokudo/sewerage/crd_sewerage_tk_000135.html）

　国もこうした問題に備えるため，警鐘を鳴らしてきました。例えば国土交通省では，下水道施設に専門的に関与できる行政の技術職員の高齢化や人数不足に対応する方法として，PPP/PFIの導入に積極的に取り組んでおり，図表3－22のように，民間委託が進んでいます。

【図表3－22　下水道施設のPPP/PFI実施状況】

	下水処理場 (全国2,201箇所*)	ポンプ場 (全国6,092箇所*)	管路施設 (全国約49万km *)	全体 (全国1,473団体)
包括的民間委託	552箇所（279団体）	1108箇所（187団体）	49契約（37団体）**	（298団体）
指定管理者制度	62箇所（ 21団体）	97箇所（12団体）	33契約（12団体）	（ 21団体）
DBO方式	32箇所（ 26団体）	2箇所（ 2団体）	0契約（ 0団体）	（ 28団体）
PFI（従来型）	11箇所（ 8団体）	0箇所（ 0団体）	1契約（ 1団体）	（ 9団体）
PFI（コンセッション方式）	6箇所（ 3団体）	10箇所（ 2団体）	1契約（ 1団体）	（ 3団体）

出典：国土交通省「下水道分野でのPPP/PFIの最新動向について」（令和5年）

　そうしたなか，「生活衛生等関係行政の機能強化のための関係法律の整備に関する法律」が2023年（令和5年）5月19日に国会で可決されました。これにより，2024年（令和6年）4月からは，水道施設の管轄が，厚生労働省から国土交通省と環境省に移管されることになりました。水質や衛生に関する業務は環境省が，そして水道事業に関する基本方針の策定や水道経営，耐震化や老朽化対策，災害時の復旧支援などは国土交通省が管轄することになります。

　もともと地方自治体では，上下水道を1つの組織で対応することが一般的なため，今回の管轄変更によって現場での機動力が高まることが想定され，これからはより円滑に，PPP/PFIを活用した維持業務の効率化や災害対策，さらに水道以外の社会資本と一体となった整備の促進が期待されるところです。

活用が進んできた包括的民間委託と業務範囲による違い

　水道・下水道の管理業務は，メーター検針や料金徴収をはじめ，巡視や点検，清掃，修繕，薬品調達，漏水調査など細かい業務が多く，それらを個別に業務委託として発注するよりも一括して発注する方が効率的なことや，自治体の専門職員の人材不足や高齢化などの背景もあって，前頁のように包括的民間委託の導入が進んできました。

　これらの包括的民間委託を，性能発注と複数年契約（概ね3～5年程度の短期契約が中心）を基本要素として，委託範囲によってレベル分けすると図表3－23のようになります。

【図表3－23　下水道分野の包括的民間委託の違い】

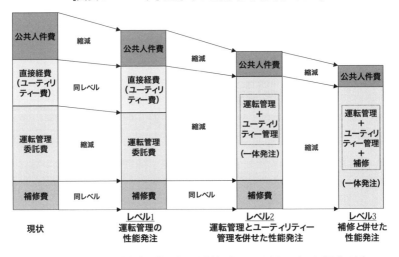

出典：国土交通省「性能発注の考え方に基づく民間委託のためのガイドライン」（平成13年）

　このレベル1～3という分け方を，最も民間委託が進んでいる下水処理場を対象として，修繕の態様などに応じて詳細に定義づけたのが，図表3－24となります。円グラフからわかるように，全国的に最も多いのがレベル2.5であり，

まだまだ民間事業者が，専門性や創意工夫を凝らして更新のための修繕計画の策定や実施などに関与するケースは，必ずしも多くはないということがわかります。

【図表3－24　下水処理場の包括的民間委託レベル】

項　目	業務範囲
レベル1	水質管理，施設の運転操作及び保守点検の性能発注
レベル2	レベル1に加え，ユーティリティの調達及び管理を含めた性能発注
レベル2.5	レベル2に加え，一件当たりの金額が一定額以下の修繕等を含めた性能発注
レベル3	レベル2に加え，資本的支出に該当しない下水道施設の修繕計画の策定・実施までを含めた性能発注

出典：国土交通省「下水道分野でのPPP/PFIの最新動向について」（令和5年3月）

【図表3－25　下水処理場の包括的民間委託実施件数の内訳（令和4年4月1日現在）】

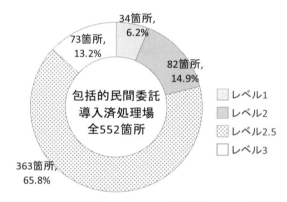

出典：国土交通省「下水道分野でのPPP/PFIの最新動向について」（令和5年3月）

　こうした現状をうけて，下水道をはじめとする水道や工業用水道の管理・更新においても，他のPPP/PFIと同様に，民間事業者の参画意欲や投資効果などを高めるための手法として，ウォーターPPPが導入されることになったのです。

ウォーター PPPとは何か

　ウォーター PPPとは，先に述べたとおり全国で老朽化が進む水道や工業用水道，下水道を対象[28]に，管路をはじめ水道関連施設の管理と更新を一体で，長期契約で民間事業者に委ねる，「管理・更新一体マネジメント方式」と「公共施設等運営事業（コンセッション）」の総称です。

　水道分野においても，コンセッション方式の活用は始まっており，2018年（平成30年）に浜松市で下水道のコンセッションが導入されたのを皮切りに，2023年（令和 5 年） 4 月現在において全国で 6 件程度がコンセッション方式に移行しています。しかし水道・下水道などの巡視・点検や修繕などは，仕様発注方式や部分的な性能発注方式（図表 3 − 23にあったレベル 1 〜 3 ）で地元の中小事業者等に委託されてきた経緯などもあり，必ずしもすべての自治体がすぐにコンセッションを導入する準備ができるわけではありません。

　そこで，それぞれの自治体の現状に応じ，上記のコンセッションに段階的に移行するための手法として，2023年度（令和 5 年度）改定の内閣府「PPP/PFI推進アクションプラン」において具体的に提唱されたのが，ウォーターPPPなのです。

28　ウォーター PPPの導入に際し，水道，工業用水道，下水道のバンドリングが可能だが，交付金の要件としてバンドリングが必須というわけではない。

【図表3－26　ウォーター PPPの概要】

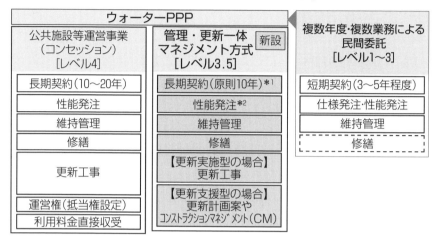

出典：国土交通省「ウォーター PPPについて」（令和5年）

管理・更新一体マネジメント方式の要件

　ウォーター PPPでは，レベル4とされる「公共施設等運営事業（コンセッション）」に移行する途中段階として，図表3－26のように「管理・更新一体マネジメント方式」という手法がレベル3と4の間のレベル3.5として新たに設定されました。

　この「管理・更新一体マネジメント方式」は，従来型のPFIや包括的民間委託の導入というだけではなく，次の4つの要件を充足することが求められます。

【図表 3 −27　管理・更新一体マネジメント方式（レベル3.5）の要件】

① 長期契約…原則10年
② 性能発注…性能発注が原則だが，管路については移行措置として仕様発注か
　　らスタートし段階的に性能発注に移行していくことも可能
③ 管理・更新の一体マネジメント…下記の「更新実施型」か「更新支援型」の
　　いずれかを選択
④ プロフィットシェアの仕組みを導入（P53参照）

更新実施型

・維持管理と更新工事を一括してPFI事業として民間事業者が担当すること
　で，メンテナンス時の現場状況を勘案した更新計画に基づく柔軟な工事対
　応が行えるなど，効率的・効果的な水道・下水道などのマネジメントが期
　待できる（自治体とPFI事業契約）。維持管理・更新費用は，PFI事業のため，
　サービス対価として自治体は後払い。

・維持管理や更新工事の実務作業の部分などについては，PFIと同様に，当
　該民間事業者が，下請企業等に任せることもできる。
　（維持管理は委託契約，更新工事は請負契約）

更新支援型

・更新工事そのものは自治体が入札などで地元企業などに直接発注するが，
　維持管理を担う民間事業者が，自治体に代わって更新計画案を作成したり，
　自治体による発注や工事監督などのアドバイザーとなるコンストラクショ
　ンマネジメント（CM）業務※を担うことで，自治体の水道・下水道マネ
　ジメントの品質と効率性を高める。

・自治体と維持管理会社はPFIではなく，委託契約を締結することとなるため，
　民間資金で事業をコントロールする更新実施型に比べるとリスクが低く，
　民間事業者にとって参画しやすくなる可能性が高い。

※CM業務には，設計・発注・施工の各段階をマネジメントするピュアCM方式と，
　これらのマネジメント業務に加えて施工に関するリスクも一括して負うアット
　リスク型CM方式があるが，わが国の多くは前者であり，ここでもピュアCM
　方式が想定されている。

（国土交通省の資料などにもとづき著者作成）

　先に述べたとおり，管理・更新一体マネジメント方式（レベル3.5）はコンセッション（レベル4）に段階的に移行するための手法として新設されたこともあり，管理・更新一体マネジメント方式（レベル3.5）の終了後は，コンセッション（レベル4）を選択肢として検討することが期待されています。

　いずれにせよ，ウォーターPPPという手法は，まだ始まったばかりであり，全国事例もこれから増えていくところです。ただ，水道・下水道はインフラのなかでも特に老朽化への対応が遅れているうえに，一般的なハコモノ施設とは異なり，老朽化度合いが目で見てすぐわかるわけではありません。

　各自治体の現状に応じ，国の支援などもうまく活用しながら，民間事業者との情報交換を行うなど，できるところから着実に取り組んでいくことが望まれます。

ひとくちコラム3

PPP/PFIの参考事例　その②

　ひとくちコラム2に続き，これからPPP/PFIに取り組む"初めての担当者"にとってヒントとなるものを，お勧めコメントとともに簡単にご紹介させていただく（詳細情報は，当該自治体のウェブサイトなどでご確認いただきたい）。

③指定管理＆Park－PFI

自治体	対象案件		概　要
東大阪市	花園中央公園エリア 官民連携魅力創出整備事業 （2019年公募）		個別バラバラに管理運営されていた花園中央公園内の6つの施設を一体的に管理運営することで，効率的な管理運営とイベント時の連携などを可能とした事業
	事業者	（株）東大阪スタジアムを代表企業とし，3団体から構成される共同事業体（3団体とも地元企業）。	
お勧め理由	公園や駐車場に加え，花園ラグビー場，児童文化スポーツセンター，美術センターなど，所管課が多岐にわたり，それぞれの委託期間や指定管理期間などがバラバラななかで，一括で管理するためのスキームとして指定管理者制度を活用。現行の指定期間の違いは，新たな指定期間に移行する間に非公募選定時期を導入するとともに，3種類の指定期間を組み合わせることで同一事業者による一体管理を可能としている。複数施設をまとめて管理することになるため，維持管理費の縮減にもつながった。 　また，公園内での民間収益施設の設置を可能とするために，Park－PFIを導入し，指定管理者にPark－PFI事業を任せることで，特定公園施設の管理を委ねつつ，カフェやバーベキューエリアの設置を実現している。Park－PFIによる投資回収を可能とするため，指定管理期間は19年6カ月となっている。 　異なる施設機能，異なる所管課の現状と考え方を紡ぎ合わせるのが大変な案件だったが，PPP/PFI手法を組み合わせ，指定開始期間をずらすなどの細かい工夫を取り入れることでクリアできた点は，他の事業においても活用できるものと思われる。		

第4章 地域の社会的課題を解決するためのPPP/PFIの基礎知識

(1) PFS/SIBとは

「地域をより良くするために取り組むべき課題はわかっているのに，どうすれば改善できるのかという方法論が確立しているわけではないので，具体的な要求水準書がつくれない」という場合に，行政として，また民間として，どう対処すればよいでしょうか。

また，少子高齢化による税収減やインフラ維持のための経費支出の増加などの影響もあり行財政状況がひっ迫するなかで，できるだけ現在のそして「将来の」公共負担コストを軽減するにはどうすればよいでしょうか。

その処方箋の1つとして期待されているのが，PFS/SIBという手法です。

実は，PFS/SIBは何らかの公共施設等の整備・運営を伴う事業ではないため，内閣府の「PPP/PFI推進アクションプラン」で想定されているPPP/PFI手法ではありません。ただ，民間事業者のノウハウを活用して地域の社会的課題を解説する手法として，以前からPPP手法の1つとして取り上げられることも多く，全国的な事例も少しずつ増えてきています。

また後述のとおり，PFIやDBOの要件の一部にPFS/SIBが取り入れられてい

る事例があらわれはじめたり、まちづくり分野におけるPFS/SIBの活用が期待されていたりすることから、他の手法と合わせて一緒に考えておくのが賢明だといえそうです。

　PFS/SIBの事業対象としては、下記のような分野が想定されています。

【図表4－1　PFS/SIB事業の対象とする行政課題と事例件数】

分　野	行政課題	国内事例	海外事例
医療・健康	糖尿病等の重症化予防	3件	22件
	検診・受診の勧奨（がん検診，特定健診や保健指導等）	4件	
	広く保険（国保等）加入者に対して行う予防・健康づくり	14件	
	重複・多剤投与者に対する取組	2件	
	その他（禁煙等）	2件	
介護	介護予防，要介護状態の維持・改善　等	18件	
再犯防止	刑務所出所者等の社会復帰支援等	0件	17件
就労支援	就労に困難を抱える人に対する就労支援，能力開発支援等	3件	64件
その他	教育（不登校児の支援等）	2件	17件
	福祉（児童福祉等）	1件	30件
	その他	10件	1件

出典：内閣府「成果連動型民間委託契約方式（PFS：Pay For Success）共通的ガイドライン」（令和3年）

　例えば、医療技術の進歩により、がんや心臓病、脳卒中などの生活習慣病が早期で発見され早期の段階で改善に取り組むと、治療負担も軽く済み、自治体の負担額も軽く済むため、家族としても自治体としても、もっと積極的に検診や保健指導に行ってほしいところです。しかし、「仕事が忙しいので」「いまは必要ないと思うので」といった理由でなかなか検診や保健指導に行ってくれないことが多く、そのまま何もしなければ、いずれは重症化してしまい、将来的に家族や自治体が負担する医療費も急増するかもしれません。

　さりとて、「こうすれば、必ずがん検診を受けてくれる」「こうすれば、絶対

に成人病が重症化しない」といった手法が一般的に確立されているわけではな
く，もし効果がある方法が存在しても，課題解決に役立ったという成果がわか
るにはある程度時間がかかる，ということが共通項となっています。

　つまり，図表4－1にあるPFS/SIB事業はいずれも次のような特徴をもって
います。言い換えると，これらがPFS/SIBの対象となる事業かどうかの一般的
な適用基準だといえるでしょう。

・業務内容が規定しづらく，従来型手法には馴染みにくい分野（つまり，今までと
　は違う新しい手法で，課題の解決を図るべき分野）
・社会的成果の創出に関して不確定要素が多く，自治体の通常の公共発注の仕組み
　では実施が困難な分野
・具体的な指標を用い，中間段階や事業終了時の成果が評価できる分野
・将来の行政コストの削減効果が期待できる分野

PFSの仕組みと意義

　PFSとは，Pay For Successの略で，「成果連動型民間委託契約方式」のこと
を表します（つまり，何らかの根拠法に基づく新しい制度というわけではなく，
従来からの委託契約にアレンジを加えた手法であるといえます）。

　PFSの事業の流れを図示すると図表4－2のようになります。

【図表４－２　PFS/SIBの仕組み】

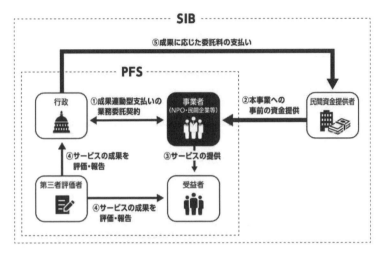

出典：経済産業省「経済産業省におけるPFS/SIBの推進について」（令和５年）

　名称に「成果連動」とあるように，地域が抱える課題解決に対応した何らか
の成果指標を設定し，その成果指標の改善状況に連動して委託費等を支払うと
いう手法です。

　平たく言うと，「どういう成果を出してほしいかはわかっているけど，どう
いうやり方がベストかわからないから，やり方は任せるね。ただ，委託料を
払ったのに『がんばったけど，ダメでした』では困るので，成果に応じて支払
い額を変えるから，独自のノウハウを発揮し創意工夫を凝らして，ベストな方
法で取り組んでね。」という，成果発注による委託方式です。

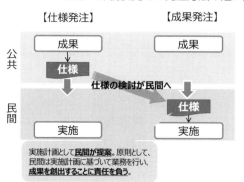

【図表 4 - 3　通常の業務委託との発注方法の違い】

出典：経済産業省「経済産業省におけるPFS/SIBの推進について」（令和 5 年）

　ここでは，他のPPP/PFIによく出てくる「性能発注」ではなく「成果発注」という言葉が用いられています。それは，PFSという手法が，建設や運営・維持管理のような誰がみてもわかりやすい「性能」を対象としているのではなく，地域の社会的課題の解決に資するような「成果」の創出を対象としているからです。

　この「成果」という言葉を理解するには，「社会的インパクト評価」における「ロジックモデル」という概念を理解することが必要となります。そこでカンタンにみておきましょう（ただし，次の項目はやや理屈っぽく，PPPの全体像の理解からは逸脱しているので，いったん読み飛ばしていただいても構いません）。

　なお，ロジックモデルに基づかないPFSも実際に地方自治体で実施されており，内閣府の「成果連動型民間委託契約方式　共通的ガイドライン」においても，簡易なPFSとして紹介されています。

　手法の論理的なバックボーンとしては正確にはPFSではなく，指標連動方式の混用に近いため，131頁からも合わせてご確認ください。

社会的インパクト評価とロジックモデルとは

社会的インパクト評価とは，事業を評価する際に，事業回数や参加者数といった直接の結果を重視するのではなく，その事業がもたらした社会的・環境的な成果を定量的・定性的に評価する手法のことです。平たく言うと，サービス提供者が「何をしたか」ではなく，「行ったサービスが，どういう社会的価値を生み出したか」という視点から評価する考え方だといえるでしょう。

こうした評価手法が，公共分野で重視されるようになってきた背景としては，人口減少や高齢化が急速に進展し社会的課題が多様化・複雑化するなかで，今までとは違う新しい視点やノウハウを持つ活動主体[1]を，公共サービスの担い手として評価することが必要になってきていることや，政策効果が乏しい歳出を削減して政策効果の高い歳出に転換するというワイズ・スペンディング[2]の考え方に基づくEBPM（Evidence-based Policy Making，エビデンスに基づく政策立案）が浸透してきていることなどが挙げられます。

EBPMとは，行政改革が重視され政策形成のあり方を見直す中で整理されてきた[3]考え方ですが，公共としての意思決定を行う際に，過去の慣例や特定のエピソードに基づくのではなく，社会科学的な観点から定量的・定性的な根拠（エビデンス）に基づく形で政策形成に取り組むということを表す言葉で，今では，地方自治体や地方議会においても，わりと一般的に使われるようになりつつあります。

---

1 具体例を挙げると，NPOなどの社会活動団体や社会貢献意欲の高いベンチャーなど。
2 直訳すると「賢い支出」。従来から実施してきた公共サービスではなく，新しいテーマでやや実験的（つまり良くいえばイノベーティブ）な課題に取り組む際などに，実施する政策とそこから期待される効果についてどのような姿勢で臨むべきかを表した言葉。エコや子育て，脱炭素，デジタル化，地域活性化など，特にテーマ性のある事業においては，ばら蒔き型の政策とならないよう，エビデンスの継続的な検証がなされている（はず）。
3 平成25年に行政改革推進本部が設置され，平成29年からはEBPM推進委員会が継続的に開催されている。内閣官房行政改革推進本部事務局からは「EBPMガイドブック」が公表されており，地方自治体に向けた内容ではないものの，政策立案とロジックモデルの関係性を学ぶことができる詳細な説明が展開されている。

　この根拠（エビデンス）を明確に表すものが，先にあげた「ロジックモデル」です。ロジックモデルとは，ある取組みが最終的な目的を達成するに至るまでの論理的な因果関係を明示したもので，「こういうサービスを行うと，最終的にこういう社会的なインパクトが生み出されるので，公共が実施する価値があるよ」ということを論理的に示すものです。

　例えば，困窮世帯の子どもの支援策として，放課後学習支援プログラムを行う場合と，学習の基盤となる生活習慣の改善支援を行う場合のロジックモデルは，図表4－4のような形になります。

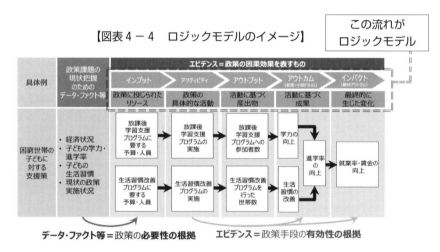

【図表4－4　ロジックモデルのイメージ】

（内閣官房「EBPMガイドブック」（2023年）を著者が一部改訂）

　ここからわかるように，従来の委託業務であれば，アウトプット，すなわちサービスを実施した結果である参加者数などが重視されるのに対し，ロジックモデルを用いると，アウトカムすなわち単なる実施結果ではなくそのサービスの活動成果や，最終的にその事業が社会にもたらすインパクト（最終アウトカム）が定義づけられます。

　それらを，先に述べたEBPMの視点からKPIとして活用する仕組みが，PFSということになります。PFSとは，今すぐ目に見える結果だけを対象としてい

るのではなく，地域社会に大きな成果をもたらすイノベーティブな取組みを支援する仕組みとしても，活用が期待されているのです。

PFSとSIBの違い

　では，SIBとは何でしょうか。そして，PFSとはどう違うのでしょうか。

　SIBは，Social Impact Bond（ソーシャル・インパクト・ボンド）を省略した言葉です。ソーシャル・インパクトとは先に述べた社会的なインパクトのことであり，ボンド（Bond）とは民間事業者や個人が投資する債券・金融商品のことを表しています。ですから，最初から公共が成果連動で支払うのではなく，いったん民間の投資家などが事前に資金を提供し，事業の成果に応じて公共が投資家に委託料を支払う仕組みを表しています。

　どのような成果が創出されるかが未確定な業務に，最初から公金を支出するわけにはいかないけれども，そうした社会貢献性の高いイノベーティブな取組みを自治体としても支援していくために，民間の投資家などに参画してもらい，事業を推進していく手法です。

　PFSを解説するロジックモデルにソーシャル・インパクトという名前がついていることからわかるように，もともとは，SIBの方が先に日本に紹介されました[4]。なかには，横浜市の「産後うつリスクを減らすオンライン母子健康医療相談」のように，3年間のSIBモデル事業を経て効果が確認されたことから，既に行政が通年で行う事業として継続的に実施されている案件もでてきています。

　ただ，日本ではこうした社会貢献型の投資という概念が成熟していないこともあって，SIBという名称でも実際には民間事業者の投資を伴わないケース

4　塚本一郎・金子郁容『ソーシャルインパクト・ボンドとは何か：ファイナンスによる社会イノベーションの可能性』（ミネルヴァ書房，2016年）が，SIBを日本に紹介しPPPと紐づけたエポックメーキングとして挙げられよう。当社では，担当コンサルタントの必読書の1つとなっていた（当時）。

（つまり実態はPFS）なども多く，どちらかといえば，PPP/PFI分野としては，民間の投資部分を伴わないPFSに軸足が移っていきつつあります。

　一方でSIBは，休眠預金を活用した社会的インパクト評価に基づくソーシャルビジネス支援といった分野で成長をとげていっています。

PFS/SIBのプロセス

　PFS/SIBは，仕様基準などが不明確で，業務内容が具体的に定まっていない成果評価型の事業のため，他のPPP/PFI手法と比較した場合，現段階では，対応できる事業者の数が限られているのが特徴です。

　そのため，成果指標や評価方法などを行政主導で検討しつつ，実際に業務を担う可能性がある事業者などにヒアリングを行うことで，事業全体のブラッシュアップを図り成果水準書を確定させていく，という手法をとることが一般的です。

【図表 4 - 5　PFS/SIBの主なプロセス】

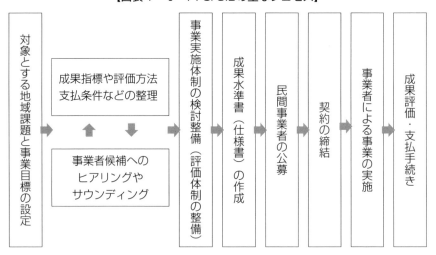

対象とする地域課題と事業目標の設定 → 成果指標や評価方法 支払条件などの整理 ⇄ 事業者候補への ヒアリングや サウンディング → 事業実施体制の検討整備（評価体制の整備） → 成果水準書（仕様書）の作成 → 民間事業者の公募 → 契約の締結 → 事業者による事業の実施 → 成果評価・支払手続き

（内閣府その他資料をもとに著者作成）

(2)　指標連動方式とは

指標連動方式の特徴と意義

　指標連動方式とは，主として利用料金の発生しないPPP/PFI案件，つまりインフラの更新管理などにおいて，インフラの機能や持続性に対応した指標を設定し，民間事業者に支払うサービス対価の一部または全部が，設定した指標の達成状況に応じて決まる方式です。

　橋梁の包括管理業務を例に考えると，橋梁の管理では架け替え工事や損傷への対応などによって橋が通行できない時間が発生する可能性がありますが，そうした状態を最小限にとどめるために，橋梁が利用可能な状態（アベイラブルな状況）に対応した成果指標，例えば「通行止めの許容時間」や「損傷に対する対応時間」などをあらかじめ契約時点で設定しておき，想定された時間との差異に応じて公共から支払われる委託料の一部または全部の金額が変動する仕組みとなります。

【図表 4‐6　指標連動方式の成果指標と支払額イメージ】

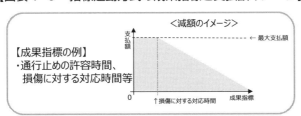

出典：国土交通省総合政策局社会資本整備政策課「PPP/PFIの導入に向けて」（令和3年）

　「利用可能な」を表す英語のAvailableを用いて[5]，アベイラビリティ・ペイメント（Availability Payment）方式や略称のAP方式とも呼ばれており，特別法に基づく手続きを表す言葉ではなく，民間事業者への支払いを固定せず，全

5　英語が用いられているのは，指標連動方式が最初に導入されたのが，アメリカのペンシルベニア州における橋梁迅速置換プロジェクトだったことに由来しています。

部または一部を成果と連動させる契約手法を表しています。従来型の業務委託
やPPP/PFI手法の1つである包括的民間委託，ウォーター PPPの一部など，
何らかの業務委託手法にオンする形で用いる制度だと理解するとわかりやすい
でしょう。

　なお，冒頭に「主として利用料金の発生しない」とあるのは，指標連動方式
においては，民間事業者が最大の支払額を受け取るためには，指標をきちんと
クリアできるよう創意工夫を凝らす[6]ことが求められ，それがいわゆるインセン
ティブとして機能することにポイントがあるからです。
　言い換えると，利用料金が発生する場合は，民間事業者としては利用料収入
が最大になるように創意工夫を凝らすため，その利用料金が発生すること自体
がインセンティブとして機能しますが，そうした利用料収入というインセンティ
ブが働かない事業にも，インセンティブ的な要素を導入するために生み出
されたのが指標連動方式なのです。

指標設定に関する考え方とサービス対価の支払いメカニズムの枠組み

　指標連動方式における指標の設定や支払いのメカニズムについては，2022年
（令和4年）に内閣府から示された「指標連動方式に関する基本的考え方」に
図表4-7のような具体例が示されています。

【図表4-7　指標の具体例】

分野	指標	モニタリングルールとの関係	支払メカニズムとの関係
公共施設の維持管理	修繕業務に関して，対応箇所を確認してから〇日以内に対応	確認日時・業務の対応日時を事業者にて記録し，月次の報告書に記載	〇日を超えて対応できなかった場合には，1回につき〇ポイント減額

出典：内閣府「指標連動方式に関する基本的考え方」（令和4年）

6　民間事業者として創意工夫を凝らすことができることが前提となるため，指標連動方式
　の対象事業は，仕様発注ではなく性能発注であることが原則となる。

【図表4-8　ポイント制と支払メカニズムの例】

あらかじめ定められた指標連動ルール

ポイント表		減額表	
利用可能状態の指標A未達の場合	−10pt	21pt以上	★円減額
利用可能状態の指標B未達の場合	−7pt	11pt〜20pt	▲円減額
パフォーマンスの指標C未達の場合	−2pt	6pt〜10pt	△円減額
パフォーマンスの指標D未達の場合	−1pt	5pt以下	減額なし

民間事業者のサービス提供結果　（あらかじめモニタリング期間を決めておく）

・利用可能状態の指標A未達が発生
・パフォーマンス指標D未達が発生

確定した民間事業者へのサービス対価の支払額

▲円の減額

（内閣府資料などをもとに著者作成）

　この例をみると，『指標連動方式というのは，ミスをしたらちょっとずつ減額される細かい仕組みで，通常の業務委託とは違って厳しいから嫌だなあ……』という印象を受けるかもしれませんが，これらはあくまでも例であり，制度設計として，ポイント[7]を減額する場合だけが想定されているのではなく，もちろん増額する場合も想定[8]されています。

　減額する場合の例だけが挙げられているのは，指標連動方式が，そもそもの発想はインフラを対象として想定されており，「ヒトの飲用に適した水道」や「クルマの通行に適した道路」のように，「その状態が維持できていることがあたりまえ」の事案をターゲットとした制度だからである，と理解するとわかり

7　ここでは未達状態をポイント換算する例が挙げられているが，内閣府では，ポイントではなく直接委託料を増額・減額とするケースも想定されている。

8　サービス対価の増額・減額だけではなく，契約期間の延長や業務の追加といった制度設計を行う場合も想定されている。

やすいでしょう。

　そのため，よく似た手法として，前章でとりあげたPFS（成果連動型民間委託契約方式）が挙げられますが，指標連動方式はハードを前提とした事業に限られる一方，PFSは主としてソフト事業においての活用が想定されています。

　また，より正確には，「指標」と「成果」という言葉の違いからもわかるように，指標連動方式は，「利用可能時間」といったアウトプットに応じてサービス対価を変動させるものであり，PFS（成果連動型民間委託方式）は，サービス提供の「成果」というべき，アウトカムやインパクトの創出に応じてサービス対価を変動させる制度である，という点にも違いがあるのです。

指標設定に関するポイント

　"ポイント減額"という文字を見ると，「うへェ…」と感じる民間事業者も，「あたりまえの状態をずっと維持してもらうための仕組み」と言うと，「そりゃ当然だ」となるはずです。そのため，これから老朽化したインフラにPPP/PFIを活用して立ち向かっていく地方自治体にとっては，指標連動方式をうまく活用することは大きなメリットとなるかもしれません。

　指標連動方式を効果的に活用するには，どのように指標を設定するかが重要です。先に指標連動方式の性質として，「指標をきちんとクリアできるよう創意工夫を凝らすことが，民間事業者にとってインセンティブとして機能する」と紹介しましたが，どういう状態が「クリアできた状態」と認定されるかが不明確だったり，クリアしたいものの自分達ではコントロールできない要素が含まれていたりすると，インセンティブとしては機能せず，民間事業者から避けられる案件にしかなりません。

　具体的な指標そのものは，対象となるインフラ施設によって大きく異なりますが，指標設定の基本ポイント3カ条を確認しておきましょう。

【指標連動方式の指標設定の基本ポイント3カ条】

> ・対象インフラの機能の発揮にひもづいた本質的な要素を指標として設定すること
> ・客観的なモニタリングが可能であり，当事者間で解釈に相違が生じない指標となっていること
> ・民間事業者において，管理することができない事由に係る指標を採用していないこと

　なお，指標の数や内容によっては，モニタリングコストが増大してしまい，公共側にとっても民間側にとっても運用コストがかかり，あまり効率性がよくない制度となりかねません。すべての業務要求水準を指標連動とせず，一部分だけに導入することも内閣府の「基本的考え方」として示されていることから，初めて導入する際には過重なものとならないよう制度設計に十分注意し，サウンディングの機会なども活用して民間事業者とも十分に意見をすり合わせることが，指標連動方式の導入のコツだといえるでしょう。

PFSと指標連動方式の混用（簡易なPFS）

　先の章でPFSとは，何らかの公共サービスによって，今後の創出が期待されるアウトカムやインパクトを成果指標として設計することで，社会課題の解決を目指す手法だと紹介しました。

　しかし，地方自治体の創意工夫により，こうしたアウトカムやインパクトといったロジックモデルに基づくのではなく，サービスを実施した結果である参加者数や継続者数などのアウトプットを指標として設定し，その指標の達成状況に基づいて支払額を連動させるようなケースも出てきています。

　インフラの機能や持続性などのアベイラビリティに着目した指標連動方式とは手法の成り立ちは異なるものの，支払額を指標と連動させることで民間事業者のモチベーションを引き出そうとする点には共通性があり，自治体独自の工夫で取り入れやすいことから，PPP/PFIの手法にオンする形で用いられるケースも増えていくと思われます。

(3) スモールコンセッションとは

スモールコンセッションの特徴

　スモールコンセッションとは，文字どおり，空き家や廃校などの比較的小規模な遊休公的不動産などを対象に，公共施設等運営権をはじめ，指定管理やPFIなど，さまざまな制度を活用して民間事業者に運営を委ね，施設の魅力向上や地域の活性化を図ることをめざした，地域密着型のPPP/PFI全般を表す愛称です（「コンセッション」とありますが，PFI法だけに基づくものではありません）。

　従来は，コンセッションというと，どちらかといえば，空港をはじめ比較的大規模な施設に活用されてきましたが，2023年（令和5年度）に改定されたPPP/PFIアクションプランのいわゆる三本柱[9]のなかの「新分野の開拓」に位置づけられており，PFIの活用領域を拡大するための新たなPPP/PFI活用モデルの1つとして掲げられています。

　言い換えるならば，「スモールコンセッション」とは，何らかの新しい手法を表した言葉というよりも，「身近な小規模施設にもっと積極的にコンセッションをはじめとする，さまざまなPPP/PFIを導入することで，地元事業者のやる気とノウハウをどんどん地域活性化に活かしていこう」という方向性を打ち出すための特徴的な愛称だといえるでしょう。

　スモールコンセッションの特徴としては，まだ明確な定義はないものの，概ね次のようなことが掲げられます。

9　「事業件数10年ターゲットの設定」，「新分野の開拓」，「手法の進化・多様化」の3点を指す。

① 比較的小規模な既存施設を対象に，人口10万人未満など小規模な自治体でも採用されている。
② 地元企業や地元に根づく決意をした企業がかかわっており，事業期間の長さを活かして，地域の持続的な魅力向上に貢献している。
③ 地域や対象施設の個性が活きる，ユニークな制度設計が行われている。

スモールコンセッションの対象事業とは

107頁に記載のとおり，通常の公共施設等運営権（コンセッション）では，新たにPPP/PFIを導入することによって取組みが加速することが期待できる分野，つまり「重点分野」が設定されていました。

しかしスモールコンセッションでは，公共が保有する遊休不動産などが対象となると考えられているため，図表4－9のとおり，重点分野にこだわらない事業も増えてきています。

【図表4－9　スモールコンセッションとして位置づけられる事例】

自治体	対象事業
石狩市 （人口57,789人／令和5年8月現在）	厚田マイクログリッドシステム運営事業 ・再生可能エネルギーを活用し，厚田地区（世帯数約354世帯，令和3年10月現在）という小規模集落における地産地消の新たな電力供給モデルを構築。
事業者	石狩厚田グリーンエネルギー株式会社（高砂熱学工業株式会社札幌支店によるSPC）
米原市 （人口37,495人／令和5年8月現在）	観光・レクリエーション関連2施設に係る公共施設等運営事業 ・民間ノウハウを活かし，老朽化したグリーンパーク山東（アウトドアレジャー施設）と近江母の郷文化センターの魅力を高め観光エリアとしての価値を向上。 ・公共施設運営権と合わせて指定管理者制度を導入することで，民間事業者に利用許可権限も付与。
事業者	奥伊吹SPC株式会社（奥伊吹観光株式会社，株式会社草野組，奥伊吹ホールディングス株式会社によるSPC）

（著者作成）

⑷　ローカルPFIとは

ローカルPFIの特徴

　ローカルPFIとは，地域企業の参画や地域産材の活用，地域人材の育成など，財政負担の軽減というよりも地域経済社会に多くのメリットをもたらすことを志向するPFIの総称であり，令和5年度に改定されたPPP/PFIアクションプランのいわゆる三本柱 の1つである「PPP/PFI手法の進化・多様化」として位置づけられています。

　言い換えるならば，「ローカルPFI」とは，何らかの新しい手法を表した言葉というよりも，「地域のヒト・モノ・カネなどの資源を活用したPFIを導入することで，地域をもっと活性化していこう」という方向性を打ち出すための特徴的な愛称だといえるでしょう。

　今までのPFI事業においても，地元企業の参画状況や地域産材の活用といった要件が審査基準となっていることが多く，地元企業への具体的な発注割合などが評価点数に結びついていることは珍しくありませんでしたが，そうした視点だけではなく，図表4-10のようにVFMに基づく財政負担軽減よりも，地域経済・地域社会に与えるメリットの多さという点を主眼としていることに特徴があります。

【図表4-10 PPP/PFIの効果について（PFI導入のメリット）】

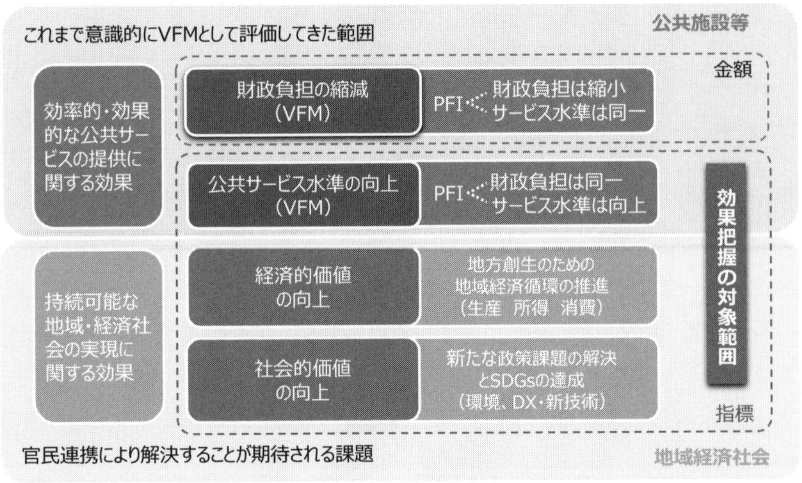

出典：内閣府「PPP/PFI事業の多様な効果に関する事例集」

　もともとPPP/PFIという制度は，人口減少時代の公共の財政負担の軽減を図るための手法として生まれたことは先に述べましたが，そうした観点だけからPFIをとらえるのではなく，施設や分野を超えて地域の多様な主体が経営感覚をもってPFIに参画することで，地域全体の魅力の向上や経済の好循環を生み出すような新しい流れを創り出すことを目指しています。

　そのため，PFI事業の効果として，地域住民の生活利便性の向上や地域の防災力の向上，さらに交流人口の拡大や移住者の増加など，副次的な拡がりも期待されているのです。

⑸ 都市公園リノベーション協定制度とは

都市公園リノベーション協定制度の特徴

　都市再生特別措置法[10]に基づく制度で，正式名称を公園施設設置管理協定といい，先に述べたPark－PFIとよく似た（ように見える）制度です。

　都市公園の管理運営を民間に任せることで，収益施設の管理運営から生じる収益を園路などの公共部分の管理に一部充当してもらい，公共としての経費縮減を図りつつ，民間ノウハウを活かして空間としての快適性を図るもので，設置管理許可の期間の延長（10年→20年）や建ぺい率の緩和（2％→12％）といった特例措置も，Park－PFIと同じ内容となります。

　制度の基本構造も，図表4－11のとおり99頁のPark－PFIとほぼ同じように見えますが，根拠法と制度の趣旨が異なっているため，Park－PFIでは正式名称が「公募対象公園施設」となっていた収益施設が，ここでは「滞在快適性等向上公園施設」と記されています。

　この名称の違いからわかるように，都市公園リノベーション協定制度では，民間事業者の「公募」は行われません。その代わりに，「都市公園リノベーション協定」という協定を締結することになります。

10　都市再生特別措置法46条及び62条の3

【図表4－11　都市公園リノベーション協定制度の基本構造】

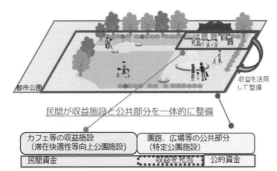

出典：国土交通省「まちづくりと一体となった都市公園のリノベーション促進のためのガイドライン」
　　　（令和2年）

　こうした違いがあるのは，Park－PFIは主として都市公園を対象としている
制度であるのに対し，都市公園リノベーション協定制度は，まちづくりと一体
となったエリア全体の魅力向上に視点を置いた制度だからです。つまり，
Park－PFIのように，都市公園の管理運営ノウハウを持つあらゆる民間事業者
を対象とした制度ではなく，日ごろから行政と連携してまちづくりを担ってい
る「まちづくり法人」を視野に入れた制度のため，公募というシステムを想定
していないのです。

　この違いを把握するには，根拠法となる都市再生特別措置法の性格や，「ま
ちづくり法人」とは何か，を理解しておくことが望まれるため，PPP/PFIの
手法説明からはやや範囲が広がりますが，少し確認しておきましょう。

都市再生特別措置法と都市再生推進法人とは

　都市再生特別措置法（略称：都市再生法，都再法）とは，社会経済情勢が大
きく変化していくなかで，少子高齢化や人口密度の差異の拡大といった変化に
対応し，まちのあり方を変える（つまり，都市を再生する）ことを目的として，
2002年（平成14年）に制定されました。

　制定当初の都市再生法では，まちづくりの主役は市町村であり，まちづくり

142

のための計画である「都市再生整備計画」も，市町村が国の交付金を活用して
まちづくりを推進するために必要な計画といった性格が強いものでした。

　しかし，2011年（平成23年）の法改正により，まちづくりを官民連携で行う
ことが重視されるようになり，地域のまちづくりを担うまちづくり法人などか
らの提案を取り入れて「都市再生整備計画」を作成するようになったのです。

　このまちづくり法人のことを正式には「都市再生推進法人[11]」と言いますが，
法改正当初こそ，市町村が出資する企業・団体が想定されていたものの，民間
の企業・団体によるまちづくり活動が成熟化し，地域独自のユニークな取組み
なども増えてきたこともあり，2016年（平成28年）の法改正では，こうした市
町村の出資要件は撤廃されました。

　さらに，2020年（令和２年）の法改正からは，都市再生推進法人は，「エリ
アの魅力・活力を高めるためのエリアマネジメント活動を展開する団体」とし
て，地域のまちづくりの中核的な存在と位置づけられ，全国で100以上の団体
が指定を受けています（図表４－12）。

【図表４－12　都市再生推進法人の指定状況（令和４年10月末現在）】

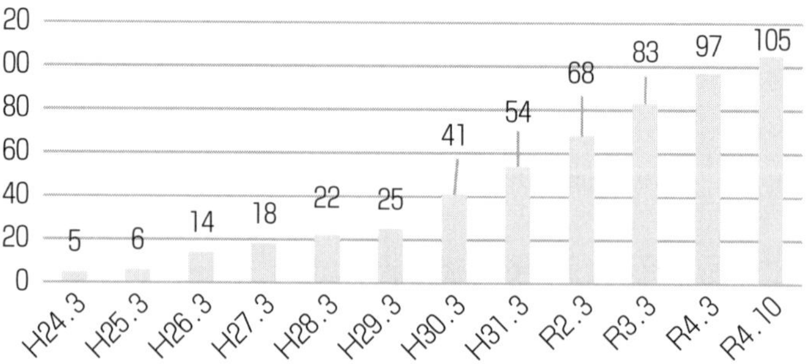

出典：国土交通省「都市再生推進法人の指定状況」

11　都市再生法118条～123条に規定されている。都市再生推進法人の対象となる法人格は
　118条に明記されており，会社のほか，公益・一般社団法人や公益・一般財団法人，NPO
　法人が対象となる。

　このように拡がりをみせる都市再生推進法人ですが，実際には，色々な成り立ちや組織構成があり，バラエティに富んでいます。

　外郭団体がまちづくり会社となっている場合もあれば，地権者でもある鉄道会社やディベロッパーと市町村が出資して構成されている企業，あるいは，まちづくりを専門的に研究する学識経験者などが代表となっている企業・団体もあれば，商店会や町内会などで構成される組織もあり，さらには，タウン誌の制作や地元イベントを行ってきた小規模企業が認定を受けているケースなどもあります。

　地域特性の違いや官民連携によるまちの魅力向上に対する市町村の感度の違いなどもあって，顔ぶれはさまざまですが，都市再生推進法人として指定をうけることで，道路や公園などの公共空間を活用したにぎわい創出事業を行いやすくなったり，税制の特例を受けることができる，といったメリットがあるのです。

　ただ本来は，大勢の人が行き交う道路や公園などは，安全性への配慮が第一優先となるため規制が厳しく，先にあげた都市再生整備計画において，にぎわいを生み出したいエリアを市町村が「滞在快適性等向上区域（通称：まちなかウォーカブル区域[12]）」として設定しなければ，にぎわい創出事業を行うことはできません。

　言い換えると，「まちなかウォーカブル区域」を設定すると，官民一体で空間としてのにぎわいを生み出すようなさまざまな取組みを行うことができるようになるのです（図表4 - 13）。

12　もちろん，著者ではなく，国が定めた通称。「通称」というには，いささか長いように思われるが，都市再生特別措置法関連の事業は，こうしたネーミングが多い。もちろん，先にあげた「都市公園リノベーション協定制度」も国が定めた通称。正式名称である「公園施設設置管理協定」よりも長く，もはや通称と言ってよいのかどうかさえわからない。もう少し短く，気軽に使いたくなる愛称が生まれるのを楽しみにしたい。

【図表4−13　都市再生整備計画におけるにぎわい創出事業の位置づけ】

都市再生整備計画

まちなかウォーカブル区域　（エリアを指定）

実施できるようになる主な取組み

・都市公園リノベーション協定制度に基づく公園の魅力向上
・道路や公園，公共の空き地などの一部を活用したイベントや事業
・公共の道路と民間の通路（店舗の軒先など）を一体的に整備し，ベンチやオープンテラスの設置やイベントを実施
（一体型滞在快適性等向上事業／通称「一体型ウォーカブル事業」）
・歩行者の安全を優先するために駐車場の出入口の設置を規制 など

（国土交通省「官民連携まちづくりの進め方」などをもとに著者作成）

都市公園の魅力を高めるPPP/PFI手法のいろいろ

　人々の生活の身近な場所にある都市公園には，ここで述べた都市公園リノベーション協定制度をはじめ，根拠法が異なるさまざまなPPP/PFI手法があることがわかりました。

　念のため，それぞれの特徴と違いを整理しておきましょう（図表4−14）。

【図表4−14　都市公園の整備・管理・運営に関するPPP/PFI手法の比較】

	指定管理者制度	設置管理許可制度	PFI事業	Park-PFI	都市公園リノベーション協定制度
根拠法	地方自治法	都市公園法	PFI法	都市公園法	都市再生特別措置法
期間	条例で定める（3〜5年程度が一般的）	最長10年	最長30年	最長20年	最長20年
実施主体	法人その他の団体	公園管理者以外の者	民間事業者	公園管理者以外の者	一体型事業実施主体及び都市再生推進法人

実施主体の選定手続	条例で定める（指定には議会の議決が必要）	特段の規定なし	PFI法に基づく募集手続き（契約には議会の議決が必要）	都市公園法に基づく公募手続き	都市再生整備計画の公告・縦覧
実施主体による公園利用者からの料金収受の可否	可	可	不可（指定管理者の指定又は設置管理許可を得れば可）	可	可
対象となる都市公園	地方公共団体が設置・管理する都市公園	特段の限定なし	特段の限定なし	特段の限定なし	まちなかウォーカブル区域内の都市公園
特徴	・民間事業者等の人的資源やノウハウを活用した施設の管理運営の効率化（サービスの向上，コストの縮減）が主な目的。 ・一般的には施設整備を伴わず，都市公園全体の運営維持管理を実施。	・公園管理者以外の者に対し，都市公園内における公園施設の設置，管理を許可できる制度。 ・民間事業者が売店やレストラン等を設置し，管理できる根拠となる規定。	・民間の資金，経営能力等を活用した効率的かつ効果的な社会資本の整備，低廉かつ良好なサービスの提供が主な目的。 ・都市公園ではプールや水族館等大規模な施設での活用が進んでいる。	・飲食店，売店等の公募対象公園施設の設置又は管理と，その周辺の園路，広場等の特定公園施設の整備，改修等を一体的に行う者を，公募により選定する制度。	・官民一体でまちづくりに取り組む主体が，都市再生整備計画に基づき，都市公園内で，飲食店，売店等の滞在快適性等向上公園施設の設置又は管理と，その周辺の園路，広場等の特定公園施設の整備，改修等を一体的に行うものとして公園管理者と協定を締結できる制度。
都市公園法上の特例措置	―	―	―	・建蔽率の上限緩和 ・占用物件の追加	・建蔽率の上限緩和 ・占用物件の追加

出典：国土交通省「まちづくりと一体となった都市公園のリノベーション促進のためのガイドライン」（令和2年）

⑹　ほこみち制度（歩行者利便増進道路指定制度）とは

　従来は，道路は「歩行者の通行スペース」とされ，「賑わいを目的とした空間」という性格が想定されていなかったため，無余地性の基準（つまり「どうしても道路しか余地がない場合しか，道路に何か置いちゃだめ」という基準）が適用されるなど，ゆったり滞在する場所として活用しにくい状況でした。

　そこで，2020年に道路法が改正され創設[13]されたのがほこみち制度です。道路管理者である地方自治体が歩行者利便増進道路を指定し，指定した道路内で利便増進誘導区域を指定することで，車いす同士がすれ違える道路幅員の確保や滑りにくい透水性舗装の活用など安全性に配慮しながらも，図表4－15のように，オープンカフェや屋外での食事スペース，休憩用のイスやフラワーポットなどを配した魅力的な空間として活用することが可能となります。

【図表4－15　ほこみち制度活用のイメージ】

出典：国土交通省「歩行者利便増進道路（ほこみち）制度の詳細説明」

13　道路法48条の20～48条の29

【図表4－16　ほこみち制度導入のイメージ】

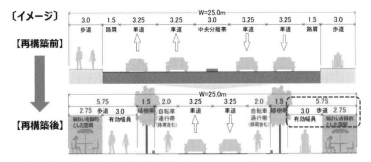

出典：国土交通省「歩行者利便増進道路（ほこみち）の普及展開に向けて」

　例えば，この「ほこみち制度」と，先にあげた，まちなかウォーカブル区域の指定に基づく「一体型ウォーカブル事業」を併用すると，公共の道路と民間の通路（店舗の軒先など）を一体的にオープンスペースとして整備し，いすやテーブルも備えたオープンテラスとして活用できるなど，空間の魅力はさらに高まります。

　ほこみち制度では，Park－PFIと同じように，占用に関する緩和措置があり，公募で占用希望者を選定する場合には，最長20年（公募によらない場合は5年以内）の占用許可が認められるため，投下資本が回収しやすい仕組みになっています。

　国土交通省の「歩行者利便増進道路（ほこみち）指定一覧」によると，2023年（令和5年）3月末時点では，全国で44自治体，119路線に導入されており，比較的活用が浸透しつつある制度となってきています[14]。

　ただ，施設につながっていくのが道路なのに，施設を活用するPPP/PFIと，

14　新型コロナウイルス感染症流行時に，影響を受ける飲食店等を支援するために令和2年
　　～令和4年まで特例措置として設けられていた，いわゆるコロナ占用特例は，全国約170
　　自治体，約420件で活用されていた。この効果もあって，屋外での飲食行動が定着してき
　　たこともあり，浸透が進んでいると思われる。

道路を活用するほこみち制度をうまく組み合わせて，エリアとして面的に賑わいを醸成しようという自治体はあまり見かけません。

　まちの賑わいを醸成するのであれば，制度が異なり手続きも異なるため別個の手として考える，という発想だけに留まらず，自治体自らがプロデューサーとなり，それぞれに関係する民間事業者に自治体側から働きかけて相乗効果を発揮する，といったような事例が生み出されるかもしれません。今後のさらなる活用が期待されます。

ひとくちコラム4

真夏の夜の夢

　今日はとても暑かった。仕事が終わって冷たいドリンクを片手にファーストフード店でひと息ついていたら，疲れがでたのか，急に眠気が襲ってきた。

　ぼんやりした頭に，夢でも見ているのか，隣の席に座っている祖父と孫とおぼしき，高齢男性と若者2人の会話が聞こえてきた。

ミ　ア「ねえ，じいじ，聞いた？　新しい市長，大きいホールの建設をやめて，300席くらいに小さくするんだって。アタシ，バンドのコンサート，新しい大型ホールでやりたかったな……」

じいじ「なんじゃ，そりゃ。後援会であれほど大型ホールを建設します，と言ってたクセに，妖精にクスリでも飲まされて，とち狂ったんか！　だいたい成人式はどこでやるんじゃ。まさか，中学校の体育館とか言わんじゃろな。」

ラ　イ「その，まさか，らしいよ。高校になったら市外に通ってたヤツもいるけど，出身中学校で成人式やれば，みんな参加したくなるし同窓会にもなって盛り上がるだろ，ってことらしい。時間差で市長も全会場まわる

　　　　　らしいよ。」

じいじ「なんじゃ，そりゃ。恥ずかしい。隣のまちでは，3年前にでっかいホールができて，年に4回くらいは大ホール使ったコンサートもあるって，あいつら自慢しとる。それに比べてウチのまちは，市庁舎もガタがきとるし……」

ミ　ア「あれ？市庁舎って，取り壊して新しくするんじゃなかったっけ？　自分達の働く場所だけはちゃっかりキレイにするなんて，ずるくない？」

ラ　イ「いや……聞いた話では，市役所は4カ所に分散してスリムになって，廃校になった小学校なんかも使うみたいだよ。その代わり図書館とか，デイサービスとか，高齢者住宅とか，保育園とかが合体するんだって。」

じいじ「そりゃ，わしも老人会でうわさをきいた。よう知らんが，エスアイビーとかいう，老化防止の何かをやるそうじゃ。どうせ，文化ホールの建設費用が減って浮いた金でなんかするんじゃろ。わしゃ，そんなもんには参加せんけど，ばあさんは若さを保てるとか言うて，結構興味もっとる。」

ミ　ア「じいじも意地はらずに行けばいいじゃん。ずっと元気なのが一番だもん。」

じいじ「まあ，可愛いミアがそういうなら，考えてみてもいいがな。なんか知らんが，ふつうは実験的な仕組みとかいうて，数年で終わることが多いらしいが，浮いた金でずっと続けていくらしいでな。」

ミ　ア「それにしても，デイサービスと保育園って，スゴい取り合わせだよね。なんか，おじいちゃんもおばあちゃんも元気になりそう…」

ラ　イ「デイサービスで働くお母さんが，働いている間に保育園に子どもを預けられるように，っていうのも考えてるらしい。ミアの友達もシングルマザーいただろ？　高齢者住宅の並びにシングルマザー専用の家もあるら

　　　　しいよ。」

ミ　ア「えー，マジそれ便利じゃん！　友達にも教えてあげよ。生活厳しくて，
　　　　いまダブルワークで超きついって言ってたから，引っ越してくるかもね。
　　　　同じ境遇の知り合い連れて，いっぱいやってくるかもね。」

じいじ「若い人が増えるのはいいことじゃが，ライ，市役所がスリムになるって，
　　　　どういうことじゃ。いよいよウチのまちは，公務員が仕事をせんように
　　　　なったんか！　世も末じゃな……。」

ラ　イ「ちがうよ，じいじ。これからは公務員も民間企業みたいに，オンライン
　　　　やらリモートやらで出勤する人数が減るのを見越してるらしいよ。サー
　　　　バーとか新しい市庁舎において，すぐにデジタルに移行できない紙資
　　　　料なんかといっしょに，廃校になった3つの小学校に分散するんだっ
　　　　て。」

ミ　ア「そっか。分かれてたら市役所が色んな人の家から近くなるし，逆に，
　　　　困った時にいろいろ相談しやすくなって便利じゃん。それに，小学校な
　　　　ら音楽室とかでバンド練習させてもらえるかも？」

ラ　イ「そうだね。意外と，練習場所は増えるのかも。ライブの時だけ隣のまち
　　　　のホールに行けばいいと思うよ。どうせクルマで20分くらいだし。」

じいじ「なるほど，小学校の音楽室なら，老人会の青春の歌サークルも，いまの
　　　　公民館よりも広くなるかも……。いやいや，ワシはだまされんぞ！　久
　　　　しぶりに文化施設という大型公共施設の工事ができると，商工会の建設
　　　　部会のやつらが喜んでおったんじゃ。その期待を裏切るのは，やっぱり
　　　　許せんわい。」

ミ　ア「でも，じいじ，小学校の改修工事は必要になるじゃん。」

ラ　イ「それに，なんか，住宅とか建物とかも省エネタイプが義務になるから，
　　　　リフォームのニーズが増えるんだって。あと，橋とか水道とかを，県ぐ

るみで大手企業が衛星とかドローンとか使って点検を徹底するから，そういう工事も増えるらしいよ。」

じいじ「でも，先代の市長は，大型体育館をわしらに残してくれた。あれももう，ガタがきてるが，田んぼの中に巨大な建物ができた時は，自慢じゃった。今の市長は，わしらに何も残してくれないんじゃな……」

ラ　イ「いや，大きなものを残す，って聞いたよ。」

じいじ「文化ホールも小さいし，市庁舎も小さいし，いったい何を，じゃ。」

ラ　イ「僕たちの，持続可能な大きな未来を，だってさ。」

第5章 行政視点から見た PPP/PFIに取り組む ポイント

2015年（平成27年）に内閣府より「多様なPPP/PFI手法導入を優先的に検討するための指針について」が出され，優先的検討規程[1]の策定や運用が地方自治体に要請されてから，8年あまりが経過しました。

この間，策定要請の対象となる地方自治体の規模が，人口20万人以上から10〜20万人に拡大されるなど，全国で優先的検討規程を効果的に運用しPPP/PFI手法の導入[2]を検討することが望まれています。

1　優先的検討規程とは，公共施設等の整備や改修・運営・維持管理を行う場合の方針を検討するにあたって，従来型の手法に優先して，多様なPPP/PFI手法の導入が適切かどうかを検討することを地方自治体などの庁内手続きとして定めるための規程。内閣府より，指針に加え，策定の手引きや運用の手引きが示されており，特に運用の手引きは庁内実務にも目を配ったきめ細かい内容となっている。https://www.8.cao.go.jp/pfi/yuusenkentou/shishin_index.html

2　優先的検討規程の策定の手引きにある「採用手法選択フローチャート」の例にはPark−PFIやリース方式，民設民営，PFS/SIBは掲載されていないなど，優先的検討規程で主な対象とされているPPP/PFI手法と，本書で取り上げているPPP/PFIには多少ズレがあることにご留意いただきたい。これらの手法は民間事業者の参画が必須だからである。

【図表5－1　PPP/PFI優先的検討規程のプロセス】

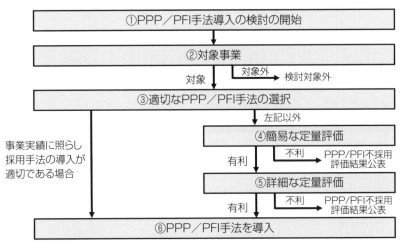

出典：内閣府「多様なPPP/PFI手法導入を優先的に検討するための指針について」（平成27年）

　ただ，優先的検討規程そのものは既に策定していたり，あるいは策定に取り組みながらも，PPP/PFIの導入を検討するための庁内体制が整っていないため導入に際しての話合いを行う場が実務的に存在しなかったり，事業費基準とされる総額10億円以上（施設整備や改修を伴う場合），単年度事業費1億円以上（運営・維持管理のみの場合）の案件が当面見あたらないという理由[3]から，検討に取りかからない場合なども見受けられ，現段階ではまだ，PPP/PFIに取り組む自治体が爆発的に増えた，という状況には至っていないように思われます。

　その一方で，PPP/PFIを実際に導入し先行事例を創出している自治体は，人口10万人未満にもたくさん見受けられます[4]し，人口20万人前後であっても，

3　当該基準は優先的検討規程の策定の手引きにおいて示されているが，優先的検討規程の運用の手引きにおいても，「一つの目安にすぎない」「事業費基準に満たない事業でも多数実施されている」と明記されているため，検討しない理由としての妥当性を欠いている。

4　当社が指定管理者制度の導入を支援した最も人口規模の小さい自治体は，人口8千人弱の町である。指定管理者制度を導入し民間事業者が管理運営を開始して以来，提案した改

優先的検討規程の策定が要請されるずっと前から既にPPP/PFI事業に取り組んでいた自治体もあります。

こうした，優先的検討に取り組むことが庁内手続きにおいて必須であるという時代・規模ではなかったにもかかわらずPPP/PFIの導入に踏み切った自治体の中には，公共施設への"PPP/PFIという手法の導入"という制度論からの検討だけではなく，より柔軟な視点から事業を発案したり，国のガイドラインからだけではわからない，現場ならではのちょっとしたコツに長けていたりするケースが少なくありません。

そこで，初めて（あるいはとても久しぶりに）PPP/PFIの導入に取り組む"初めて自治体"を対象に，PPP/PFIの導入や活用を効果的に行うために共通する5つの重要なポイントを見ておきましょう。

(1)　ポイント①庁内の機運醸成・理解浸透

まだPPP/PFIに取り組んだことのない自治体でみかける例として，担当者レベルでは積極的に導入検討に取り組みたいと思っていても，上司や，首長や，議会や，地元団体などのどこか（あるいは全部）が大きなカベになっていて，検討どころか，検討を開始することの可否の協議さえなかなか前に進まない，という状態に陥っていることがあります。

その場合，前に進まない理由として一般的なのは，「特に具体的な阻害要因はないが，新しいことを導入するための理解を得るのにとても時間がかかる」ということが多いようです。またさらに一歩踏み込んで言えば，「『民間＝質の低下』といった無条件の民間事業者絶対反対論が根強いため，どちらかというと「論理」よりも「理屈」で反対される」ということもあるようです。

善事項にすべて取り組まれ，経営者の柔軟な発想に基づく創意工夫も相まって施設の魅力が高まり，利用者のクチコミ評価も向上し，利用者数も増加してきている。PPP/PFIの活用のスピードは，必ずしも人口規模に比例するものではない，ということがわかる。

　地域特性や自治体内部の風土，さらには議会の会派バランスなどいろいろな背景や思惑が絡んでくるため，直接的かつ短期的な解決策が難しい分野ですが，この状況を打破するには，遠回りなようでも情報提供・情報発信を粘り強く続けることが必要になると思われます。

　庁内向けには勉強会やワークショップなどを，地元企業や議会向けには講演会や事例説明会などを，少しずつ丁寧に紡いで機運を作っていき，気づいたらPPP/PFIの検討がまちづくりの議論のなかで当たり前のように語られている……そういう姿を目指すならば，行政改革の推進や公共施設マネジメントを担当する所管課と共に，優先的検討規程を庁内で活用するためのマニュアルづくりや，地域プラットフォームでの情報収集，地元から本当に提案があがってくるような提案制度の設計・運用の充実（いわゆる提案制度磨き）を行いながら，庁内横断的な組織を少しずつ肉付けしていくことが必要です。

　中には何年もかかる取組みとなるかもしれませんが，PPP/PFIの導入検討を柔軟に行えるようになっておくべき理由は，次のとおり"自分達のまちのプラスを増やす"ということと"将来のマイナスを減らしておく"という2つの視点からも重要です。心を折らず，粘り強く取り組んでいってください。

①　「自分達のまちのプラスを増やす」とは

　PPP/PFIがまちにもたらす効果を，少し違う視点から整理したのが図表5－2です。先に述べたとおり，PPP/PFIは本来はハコモノを整備するという視点からだけではなく，まちの機能として何を提供するかという観点から語られるべきであり，まちづくりという文脈のなかで語られることで大きな威力を発揮する手法です。

　図表5－2は，必要十分条件という双方向からの検討を行ったものではなく，データ的に精緻なものではありませんが，PPP/PFIの活用が進む自治体は，人口流入という成果を生みだしており，PPP/PFIが自分達のまちのプラスを生み出すツールとなるかもしれないという可能性を理解する側面からご参照ください。

【図表５－２　事例に見る人口流入とPPP/PFI活用の有無】

上段：自治体名 下段：人口規模（R５）	日本人住民の 社会増減率（R５）	PPP/PFI活用の有無
南幌町（北海道） 　　　　　〔7,546人〕	2.97 （町村の部 第１位）	DBO方式＋エリアマネジメントにより公園の活性化＋大型子ども向け室内遊具施設を整備　など
丹波山村（山梨県） 　　　　　〔535人〕	2.652 （町村の部　第２位）	新庁舎をDB方式で整備/古民家を民設民営方式で活用/ジビエ加工処理場を指定管理者制度で運用　など
印西市（千葉県） 　　　　　〔109,953人〕	1.93 （市区の部　第１位）	下水道のPPP/PFIに関する提案制度を導入/PFI＋指定管理者により健康，福祉，子育て，文化，芸術等の機能を備えた複合施設を整備　など
流山市（千葉県） 　　　　　〔208,401人〕	1.69 （市区の部　第２位）	市庁舎ほか公共施設の包括的民間委託/ESCO事業/PFIによる学校施設整備/市内48施設に指定管理者制度を導入/Park－PFI導入のためのトライアルサウンディング/各種提案制度　など

（総務省「住民基本台帳に基づく人口，人口動態及び世帯数　令和５年１月１日現在」を参考に著者作成）

　なお，PPP/PFIは財政縮減の文脈で語られることも多い手法ですが，先に説明したとおり，そもそも包括的民間委託は手法の性質上，見た目の経費縮減には直結しないのが一般的ですし，PFIやDBOといった施設整備に関する手法も，建材や工賃の急激な上昇によって，以前に策定した公共施設総合管理計画で想定されていた更新単価では全く引き合わないということも珍しくありません。

　言い換えると，目に見える財政縮減だけをPPP/PFI導入の理由にしていると，参画を希望する民間事業者があらわれず不調が続いたり，「安かろう悪かろう」で帳尻を合わせる民間事業者が集まってくるまち[5]となり，PPP/PFIが

5　例えば，指定管理料が低廉すぎるため，経験が浅く技術が低い清掃・点検担当者が配置されていたり，創意工夫に基づく自主事業は一切なく，指定管理事業も最低限の内容・範

まちの魅力を引き出すためのツールとしては機能しなくなってしまいます。

　例えば，予算措置としての経費削減に大きな効果がないように見えても，自治体職員が関与する時間工数を減らし，自治体職員の労働適正化を図る「働き方改革」の一環として活用し，そこから生まれるゆとりと空いた時間をさらに大きな地域課題の解決に振り向けることは，まちにとってのプラス効果です。

　また，PPP/PFIを効果的に導入すれば，利用料金収入に基づく納付金収入や民設民営の地代家賃，コンセッションの運営権収入といった直接効果に加え，使いやすく機能が充実した魅力的な施設やにぎわいが生まれる魅力的な事業が展開され，人が集まってくるまちになるという，もっと大きなプラス効果を引き出せるかもしれません。

　こうしたPPP/PFIの多面的なプラス効果に目を向けることは，PPP/PFIの導入を検討するうえで，重要な要素となるのではないかと思われます。

②　「将来のマイナスを減らしておく」とは

　高度成長期に整備された社会資本が老朽化しつつあることは先に述べたとおりですが，より具体的にイメージを描いていただくと，「将来のマイナスを減らしておく」ということの必要性がわかりやすいため，少し具体的に考えてみましょう。

　例えば道路橋[6]を題材に考えると，全国で市区町村の管理下にある道路橋は全体の7割近くとなっており，しかも，そのうち修繕などが必要な約4万5千橋の対応が終了していないことがわかっています。

囲で行われていたりすることがある。こういう指定管理者しかいないまちでは，行政・住民ともに，「指定管理を導入して施設が良くなった」という成功体験を持っていないため，PPP/PFIの導入に対する期待値が他のまちとはかなり異なっている。そして，そのことに自らが気づけない状況に陥っている。
6　ちなみに，国交省資料などでわざわざ「道路橋」と記されているのは，人が渡る橋以外に，鉄道が通る鉄道橋や水が通る水道橋と区分するためである。念のため。

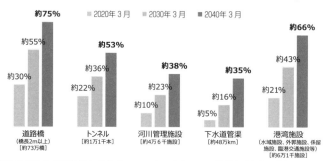

【図表5-3　建設後50年以上を経過する社会資本の割合】

出典：国土交通省「国土交通省におけるインフラメンテナンスの取組」（令和5年）

【図表5-4　主な社会資本の各分野の管理者】

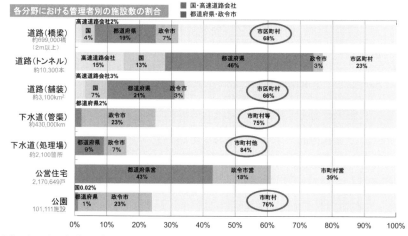

出典：国土交通省「国土交通省におけるインフラメンテナンスの取組」（令和5年）

　一方で，これから人口減少なども相まって自治体職員は漸減していくこととなりますが，国土交通省によると，市町村における土木部門の職員数の減少割合は約14％であり，市町村全体の職員数の減少割合の約9％よりも大きくなることがわかっています。

　このままでは，今後さらに道路橋の劣化に伴う何らかの事故も増えていくことが懸念されるなかで，気候変動の影響で災害の発生頻度が高くなることも想

定されます。そうなると高齢化に伴う避難所誘導対応の必要頻度が高まるなかで，道路橋に事故が起きるリスクも高まっており，いざという時に道路橋の事故で避難所に行く道が……ここからは負のループの始まりです。

　PPP/PFI をうまく活用していくことで，地域住民にとって将来起こりうる大きなマイナスを少しでも減らしておくことは，魅力的なまちをつくる・守る[7]ためにも重要なエッセンスになると思われます。

(2)　ポイント②多面的な視点からの事業の発案

　PPP/PFI の事業発案の方法として多いのは，首長の所管表明や議員からの議会質問，提案制度を活用した提案などを別にすると，公共施設等総合管理計画や個別管理計画の見直し時期などをきっかけに，「そろそろ，耐震改修も含めこれらの施設統廃合をどうするかを考えなくては……」といったスタイルではないかと思います。

　あるいは，そうした構想検討は既に終了しており，何らかの複合施設の整備が見えているので，その施設整備にどういった PPP/PFI 手法を採用するかを検討しているところかもしれません。

　先に述べた優先的検討規程のプロセスにおいても「PPP/PFI 手法導入の検討の開始」から始まっていて，何らかの施設整備が予定されている際に，「従来型でいくか，PPP/PFI を導入するか」といった検討を行うことが想定され

7　公の施設に指定管理者制度を導入している自治体では，施設の利用許可権限が指定管理者に任されているため，例えば大規模災害時などに自治体からの要請なく，主体的に施設開放を行い，帰宅困難者を受け入れたケースなども多くみられる。例えば，2016年の熊本大地震の際は，震源地となった益城町の大規模展示場施設に余震を不安に思った地域住民がクルマで押し寄せ，駐車場があたかも臨時避難所と化したが，建物にも被害が発生しているかたわらで指定管理者職員が住民対応を続け，数カ月にわたった避難対応を，大きな困難もなく乗り切ることができた。ちなみに，この施設は指定避難所ではない。
　なお，この間，施設は当然閉鎖となり展示・イベントは一切開催されなかったため，利用料金制度が導入されていた指定管理者の利用料金収入は，当然，ゼロ円であった。

ており，こうした事業発案というのが典型的な方法だろうと思われます。

　ただ，こうしたスタイルだけでは，「当面は新規施設の整備予定がないから」「既に，大型の施設整備はひと段落したから」といった理由で，PPP/PFIの活用について協議する庁内会議が全く開かれないということもあるかもしれません。それでは，本書の冒頭に記載したような「PPP/PFIを新しいツールととらえ，自らの創意工夫を発揮してうまく使いこなす」ことは難しくなってしまいます。

　最近では，総合計画の改訂やシティ・ブランディングの検討の際などに，まちの将来イメージを職員同士のワーキンググループなどで語り合っていただくことも増えてきました。地域住民を交えたワークショップも珍しくないですし，空き家対策のスキーム策定のコンサルティングの際に，地元や近隣の不動産会社が集まって，行政職員も一緒になって，空き家をプロットしたマップをつくり，エリア・ゾーニングから対策を検討したこともあります。

　例えば，庁内の意見交換の場で行政エリア全体の地図を前に「ここは行政核として人が集まってくるエリアに誘導すべきなので，この庁舎に近い都市公園にPark－PFIを導入して，飲食機能を持ってきてもらったらにぎわいが生まれるのでは」「いや，そこまで集客性が高い大規模公園というわけではないので，Park－PFIは業者の手があがらないんじゃないか」「設置管理許可を導入して，ちょっとしたカフェを運営してもらってはどうだろう」「それよりも，近隣の文化ホールとこの公園をバンドリングして一括で指定管理を導入して，公園でのアウトリーチ活動としてたまに市民演奏会ができれば，まちの顔としておもしろいんじゃないか」……。

　このように，まちづくりの視点とPPP/PFIの活用は，大変親和性が高いものです。多面的な視点からPPP/PFIの活用を検討することは，まちの魅力向上に大きな役割を果たす可能性を秘めているのです。

(3)　ポイント③民間事業者との関係構築/参画意欲の向上

　PPP/PFIは，その手法の多くが民間事業者の創意工夫を活かすことに特徴があるため，優れたノウハウを持つさまざまな民間事業者と適切なパートナーシップを構築し，案件に積極的に参画してもらうような土壌づくりは，PPP/PFIを成功させるための重要なポイントの1つです。

　そのため，民間事業者の参画を阻害するような要因は，できる限り，取り除いておくことが望まれます。

【図表5-5　民間事業者の参画を阻害する主な要因】

主な現象・阻害要因	詳細や留意事項
①情報が少なすぎて判断ができない	サウンディングの参加企業が少ない場合の要因として多い現象。また，指定管理やPark-PFIなどの公募時の質問回答などでも見受けられる。自治体側の「詳細な情報共有は選定後に」「詳細な情報を知っている企業と知らない企業がいると不公平となりかねない」という発想に起因するようだが，民間事業者にとっては「情報がわからない＝リスク」という判断となり，応募断念という機会ロスを起こしているかもしれない。
②参加要件が他の類似案件に比べ過度に厳しい	サウンディング時にヒアリングした資格や仕様をそのまま参加要件にしてしまった場合などに起きる現象。実は特定企業だけに当てはまる要件なのではないかということを，他の類似事例などで確認することが望ましい。 　民間事業者にとっては「誰か意中の企業がありそうだ」という判断となり，応募を敬遠される案件となってしまう。
③予定価格が低く，仕様や要求水準と予定価格のバランスが悪すぎる	建材や工賃の高騰が続くなかで，総合管理計画や基本計画策定時の建築積算単価で議会承認を既にもらってしまったので変更できないといったテクニカルミス[8]のほか，要求水準の業務内容のうち，予定価格の積算の際に漏れてい

8　これだけ材料費の高騰や工賃の上昇が続くなかで，数年前の建築積算単価のままで事業総額を算定したり，今後詳細な要求水準を練る過程で追加発生する可能性のある余地（大

	るもの[9]があったり，民間へ移転されているリスクが多い場合に発生する現象である。
④民間への過度なリスク移転やインセンティブへの過度な期待がある	民間事業者へ移転されているリスクに備えるための保険料金といった，必要経費が考慮されていない場合から，部品調達が厳しい社会情勢にもかかわらず施設供用開始の遅延に関するペナルティが厳しいといった場合まで，さまざまなタイプがある。多少手間がかかるものの，募集要項／入札説明書や要求水準案について「案」段階でいったん質問を受け付けて民間事業者の認識を確認しておくと，ある程度防げる場合もある。
⑤案件があることを知らなかった／同じ時期に他の公募がある	有料の入札情報サービスなどの充実によって，案件公募そのものを知らない民間事業者は減りつつあるが，サウンディングなどは「幅広い告知などもせず自治体単独で行い，結局参加者があらわれないためそれ以降の検討を中止する」といった残念な場合も見受けられる。プラットフォームでの情報発信のほか，無料で使える情報発信ツール[10]なども積極的に活用することが望ましい。　また，民間事業者側のPPP/PFI応募担当者のリソースに限りがあるため，同時期に別公募があれば，より魅力的な方に動く。例えば公募開始から提出までの期間を長めにすることで「準備しやすい案件」という印象を上げたり，指定管理者制度は，公募が集中する夏・秋を避け，あえて春や晩秋に公募するケースなどが見受けられる。

（著者作成）

　上記のうち，⑤はスモールコンセッションやローカルPFIなどにおいても重要です。現在の事業領域は異なるものの，マーケティングやマネジメントに長けた熱意ある地元企業が主役となるといった事例も見られるため，PPP/PFI

型備品導入など）を残した概算額ではなく，１円単位までの想定積算額を議会にかけたりするのは，もはや担当課としての技術的なミスだといえるのではないだろうか。

9　最近応募支援の現場で多く感じるのは，ZEB化への対応費用の積算漏れである。

10　国土交通省不動産・建設経済局不動産市場整備課による「公的不動産（PRE）ポータルサイト」（https://www.mlit.go.jp/totikensangyo/totikensangyo_tk5_000102.html）や，株式会社ブレインファームが運営する「BestPPP！（ベスピィ）」（https://www.best-ppp.com/）などは，地方自治体が気軽に情報提供ができ，全国のサウンディング情報などが無料で公表されている。

の経験・理解が既にある企業だけではなく，知らない企業にもリーチできるよう，より幅広く情報を提供し，参画意欲を引き出す取組みも望まれます。

やる気・熱意・創意工夫が揃った地元企業が「知らない分野なので手をあげなかった」という機会ロスが発生しないよう，地域の商工会議所や商工会，さらに地元企業とのネットワークが強い地域金融機関などと連携し，PPP/PFIへの理解を図るセミナーなどを丁寧に開催しておくことも有効[11]な方法です。

なお，サウンディングや説明会に複数の民間事業者の参加がありながら，実際の応募者はゼロだったという場合でも，個別にヒアリングして不参加理由をきちんと確認するということをせず，日程や募集媒体を変えるだけで再公募したり，案件中止という結論を出してしまう自治体担当者が少なくありません。

不参加にはそれなりの理由があるはずであり，その阻害要因を取り除くことで，案件が適切に前進する可能性もあります。ぜひ全ての民間事業者に確認し，それを活かしていくことをお勧めします。

(4) ポイント④審査というステップへのコツを踏まえた対応

それぞれのPPP/PFI手法は，ある程度の先行事例が増えてきており，国が示している各種資料や事例集を見たり，国土交通省や内閣府などの相談窓口などを利用して，いわゆる"初めて自治体"でも対応することが十分に可能[12]

11　一部自治体では，「PPP/PFIを導入すると地元事業者の仕事がなくなる」という地元からの反発があるかもしれないと過度に配慮する場合も見かけるが，商工会議所の建設部会の勉強会を担当した際に，例えばコンソーシアムの組成から審査基準の見方まで，PPP/PFIに事業として取り組む方法を丁寧に解説すると，やる気のある地元事業者から順に「自分達の仕事にするためにはどう動けばよいか」という視点から考えはじめるため，こういう反発の声が実際には現場からは出てこないということが多い。

12　初めて自治体のファーストステップは，民間企業が新規事業に進出する際によくやる，TTP（徹底・的に・パクる）かもしれない。一昔前は，民間事業者側の応募支援の際に，Word版の募集要項などのデータのプロパティに，違う自治体の名前が記載されているのを見かけたら，「パクっているのがバレるので，変えたほうがいいですよ」とコッソリ電

になってきています。

　ただ，そうした参考資料などを見てもわからないことが１つだけあります。それは，「審査員」に関する情報です。PPP/FIはいずれの手法も，民間事業者の公募資料を審査員が審査を行い候補者を選定するプロセスをとるのが一般的ですが，誰を審査員に選べばうまくいくのか，そして審査員に対応する際のポイントは何かなどを示した資料はあまり見当たりません。とはいえ，地方自治体では，総合計画をはじめとする行政計画の策定手続きにおいて，学識経験者の招聘や委嘱，委員会・審議会運営などの経験が豊富なため，そうした細かい手続きにはあまり困らないと思います。

　しかし，全国のさまざまな（人口20万人未満の）PPP/FIに初めて取り組む自治体（いわゆる"初めて自治体"）には，価格入札という「外形的に誰もが納得できる定量評価」ではなく，審査員という"ヒト"が介在する評価を経験すること自体が初めてだという地域もあります。PPP/FIが一般的に行われている地域に住んでいる方には想像しにくいかもしれませんが，審査結果への納得度いかんによっては，地元の議会や業界団体を巻き込んだ大騒動になってしまうことさえあるのです。

　そこで，こうした懸念材料を減らし，PPP/FIの効果を少しでも高めるための３つのコツを，アンケートデータも参考にしつつ確認しておきましょう。

【図表５－６　審査の準備と対応のコツ】

ステップ	準備と対応のコツ
①審査員の選定と公表	PFI・DBOであれば，設計や建築などを専門とする学識経験者や，文化やスポーツなど施設特性に関する学識経験者に加え，資

話していたこともあったが，数が多いので随分前にやめた。以前にある知人が「公共サービスにビジネスモデル特許は通用しない」と言っていたが，その精神でお互いに真似しあって高めあっていけばよいと思う。ただし，コンサルタント側の金太郎飴対応は，地域特有の課題解決意識の欠如の発露であり，プロとしての矜持にいささか欠けているように思われる。

金スキームがわかる財務の専門家といった顔ぶれが多く[13]，後述データ①のように，複数回担当している人が多い。

　なお，指定管理などは，学識経験者に加え，利用団体や地域団体の代表，さらに税理士などの士業が審査に携わる場合が多くなっている。依然として自治体職員だけで審査を行う場合もあるが，外郭団体が重視されるのではといった懸念から，民間事業者が参画しない要因となるため注意が必要である。

　ちなみに，審査員の顔触れを公表する方が，「透明性が高い案件」という好印象につながるが，地元在住の審査員の場合には，審査において余計なプレッシャーがかからない配慮として，審査結果がでてから公表する，という場合もある。

②審査基準づくり	後述データ②からわかるように，多くの審査員は，専門領域に基づいて審査を行うため，例えば発注・雇用といった地元への貢献度や地元企業の参画度合いなどはそれほど重視しない傾向にある。そのため，地元への貢献を重視する際は，忘れずに審査基準に項目として加え，地元への発注量に応じて部分得点を付与する審査基準とする，といった工夫が必要である。 　また，地域/議会の意見として，供用開始日の前倒しや営業時間の延長といった何らかの要望がある場合にも，あまり重視されない傾向があることが見て取れるため，コスト的な懸念から要求水準には明記しないといった場合でも，加点対象となることがわかるように，審査基準には明記しておくことが望まれよう。
③審査のフォロー	学識経験者とはいえ，全員がPPP/PFIスキームに詳しいわけではない。そのため，例えば，行政業務と指定管理業務を混同した質問や意見が出されてプレゼン審査の場で応募企業が困惑するといったことが生じている。 　また，審査員は事業発案段階から案件をウオッチしているわけではないため，「当該事業に行政が期待する想い」を熟知しているわけではなく，行政が重点的に審査してほしいポイントと，審査の力点が異なることもある。 　それらの円滑化を図るため，審査を委嘱する最初の会議や審査会の開始前などに，案件の留意点や行政の想いなどを解説する機

13　特定非営利活動法人日本PFI・PPP協会では，「PFI事業審査委員データベース」を作成し会員向けに公開しておられ便利なツールとなっている。人選に迷った場合には，ヒントとなるかもしれない。

会を持つことも増えてきている。
　なお，審査員の負担を軽減するために，提案書の簡易版を作成させる自治体も出てきているが，データ③からわかるように，簡易版どころか，提案書本紙に加え付属資料として提出された関心表明書まで確認する審査員は多い。

（著者作成）

【図表5－7　審査員アンケート結果】

株式会社ブレインファームでは，2015年～2020の間に選定終了を迎えたPFI案件を対象に，審査員に選任された学識経験者300名を対象にアンケートを実施した。下図はそのうちの20％にあたる60名から得た回答結果を取りまとめたデータとなる（国土交通省が後援するセミナーにおいて既出であり，希望者には無料で全データが交付が可能である。最終ページを参照のこと）

データ①　審査を行った担当案件数

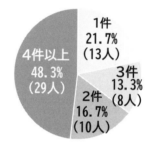

データ②　審査基準以外に審査員自身が重視するポイント

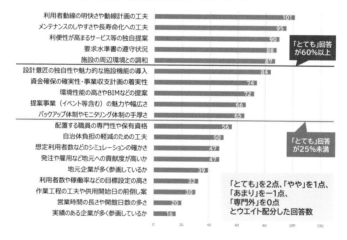

データ③提案書の付属資料の取り扱い

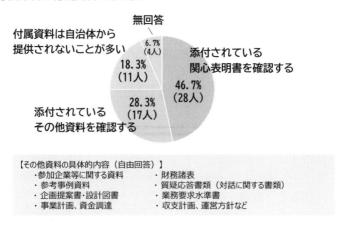

無回答
付属資料は自治体から
提供されないことが多い
6.7%
（4人）
18.3%
（11人）
添付されている
関心表明書を確認する
46.7%
（28人）
28.3%
（17人）
添付されている
その他資料を確認する

【その他資料の具体的内容（自由回答）】
・参加企業等に関する資料　　・財務諸表
・参考事例資料　　　　　　　・質疑応答書類（対話に関する書類）
・企画提案書・設計図書　　　・業務要求水準書
・事業計画、資金調達　　　　・収支計画、運営方針など

（当社独自調査による）

　なお，図表5 − 6で記載した「行政が重点的に審査してほしいポイントと，審査の力点が異なることもある」については，アドバイザリ業務の担当現場で複数の自治体から耳にする課題です。

　学識経験者の意見聴取手続きが規程されている地方自治法施行令[14]にも都市公園法[15]にも，「学識経験者のみで審査委員会を構成すること」と規程されているわけではありませんが，学識経験者をはじめとする外部メンバーだけで審査員を構成するのが，一般的になってきているからこそ起きる課題です。そこで，ここでは参考として，エネルギー分野や地域DX分野でも活躍する井熊均氏が，日本総合研究所創発戦略センター所長であられた時の記事を紹介しておきましょう（記事そのものは，指定管理者制度の事業者選定について問題提起を行う内容ですが，下記はPFIの総合評価方式の審査委員会について述べた内容です）。

14　総合評価方式の学識経験者意見聴取手続きは，地方自治法施行令167条の10の2参照。
15　Park − PFIの学識経験者意見聴取手続きは，5条の2，5条の4参照。

> 月刊地方財務 2007年11月号「指定管理者に競争的な選定を」より抜粋
> 　「審査委員会の構成を見ると，総合評価が普及し始めた当初は，外部委員中心で構成された方が公正な審査が行える，といった指摘があったが，最近では自治体内部からも委員を選定するケースが少なくない。審査委員会は事業者決定後の事業について何ら責任を持つものではないので，事業の当事者として自治体のしかるべき立場の人が委員となるのは当然である。

　最近，PPP/PFIの審査員経験のある知人から，「審査員のフィーを勘案して，審査委員会の直前30分しか，民間事業者が提出した提案書を読まないことにしている」と言われ，絶句した経験のある筆者としては，既にこの時代にこの提言をしていた井熊氏の慧眼に感服するほかはありません。

(5)　ポイント⑤事業期間中の確認・評価・要請・指導

　PPP/PFIをまちづくりのクリエイティブなツールとして活用するには，「事業を担う民間事業者を選定したから終わり」ではなく，本来はそこからがスタートであり，当該施設がまちの魅力を高めるような，あるいは，当該インフラ管理がまちの安心・安全を高めるような，事業遂行が適切に行われているかどうかについて，民間事業者と緊密に連携し，事業の確認や評価，必要に応じて要請や指導を実施していくことが望まれます。

　地方自治法[16]において，毎年度終了後に事業報告書の作成と提出が義務づけられている指定管理者制度などは，事務事業評価に合わせた評価が一般的であり，総務省の調査によると，全国80.7%[17]の施設で何らかの評価が行われています。

　しかし以前に，ある政令指定都市の行財政改革推進部署の方から「民間事業

16　地方自治法244条の２第７項
17　総務省「公の施設の指定管理者制度の導入状況等に関する調査結果」（令和元年）による。

者を監督することの重要性はわかっているのだが，正直なところ，担当課の職員が民間企業の社員相手になかなかモノも言えず，施設の点検といってもどこを見ればよいのかわからない職員が多いし，例えば財務諸表を提出されても，どこをポイントに読めばよいかわからない」と，相談されたことがあります。人口規模が小さく職員数も少ない地方の自治体であれば，こうした悩みはもっと切実なのかもしれません。

　こうした課題に対し，内閣府の「PFI事業実施プロセスに関するガイドライン」は明確な答えを提示しており，「ステップ6．事業の実施，監視等」に次のような記述があります。

> 選定事業の実施に重大な悪影響を与えるおそれがある事態が発生したときには，選定事業者に対し報告を求めるとともに，第三者である専門家による調査の実施とその調査報告書の提出を求めること。

　つまり，困った場合は，遠慮なく外部のチカラをつかうべし，と記されているのです。先にあげた政令指定都市でも，指定管理担当課の職員に対し，外部講師による施設点検のチェックポイントや財務諸表の分析方法に関する職員研修を定期的に実施するとともに，市独自の基準に基づく第三者評価を継続的に実施しています。

　ただし，上記のガイドラインにある「選定事業の実施に重大な悪影響を与えるおそれがある事態」に陥っているのかどうかは，民間事業者に任せっぱなしでは把握できません。所管課の担当者が，民間事業者と日ごろからコミュニケーションをとっていることが不可欠です。

　"官民連携による魅力的なまちづくり"を実現するには，民間事業者の募集手続きだけではなく，選定後に文字どおり「連携」を強め，どのように事業期間中の確認・評価・要請・指導を行うかを，あらかじめ整理しておくことも重

要なポイントであるといえるでしょう。

(6)　求められる役割の変化にどう対応するか

　ここまで，PPP/PFIの効果的な導入や活用のための5つのポイントを見てきましたが，最後に，PPP/PFIの効果を高めるために重要なカギをご説明します。それは自治体職員として求められる役割の変化にどう対応するか，ということです。

　「PPP/PFIの手法選定」という言葉からは，条件に従って事務手続きを行い，いくつかの選択肢から何かを選定する，という行政事務が頭に浮かびます。ただ実際には，例えば，文化ホールをPFIで整備し，都市公園にPark-PFIを導入しても，駅前広場部分が閑散としていたり，ホールや公園に到る通路となるべき商店街が，空き店舗だらけで暗くてさみしいのでは，まちはにぎわいません。

　こういう時に，本当ならば駅前や商店街の活性化を担う商工会議所や商店会などでまちづくり団体を構成し，文化ホールの指定管理者や都市公園の運営者と協議してお互いににぎわいを醸成するような取組みをしてくれればよいのですが，たいていの場合，それぞれの事業者には接点がなく，話し合う土壌もなく，「点」として活用されたPPP/PFIが，「面」というエリア全体に波及効果を及ぼすことはあまり期待できないでしょう。

　PPP/PFIの先行事例として有名な事業では，こういう時に，エリアマネジメントを買って出る意欲的な地元人材がいて，その人・その会社を中心に輪が広がっていったりするのですが，全国どこにでもそういう人材がいるわけではありません。

　そういう時にどうすればよいのか……その近道の回答は，行政職員自身が，プロデューサーやカタリスト（触媒）としての機能を発揮することです。さま

ざまなPPP/PFIや周辺知識を薄く幅広く知っておき，それぞれの民間事業者をどんどん引き合わせ，出てきた課題はどんどん外部のチカラも使って不明点を解決しながら，粘り強く進めていくことが，求められるのです。

　PPP/PFIとは，平たく言うと，「実務を民間事業者に任せていこう」という制度ですから，自治体職員はそうした実務担当者たちをプロデュースする感覚をもって，まちの未来を創造する機能が求められるようになるのです。

　事務担当者からプロデューサーへ………そうした自治体職員の変身が，PPP/PFIを活用してあなたのまちを魅力的にする第一歩かもしれません。

ひとくちコラム 5

応募がなくなる日

「○○の日」というタイトルは，売れるセオリーに乗っかろうとしているみたいで気恥ずかしいのだが，クリエイティブなツールだとご紹介してきたPPP／PFIも，これからもずっと同じカタチのままで推進していくことができるかどうかは，実のところ，定かではない。

PPP/PFIが必要とされてきた理由に，人口減少による少子高齢化とそれに伴う税収減という要因をあげてご説明してきたが，これは別に地方自治体に限ったことではなく，同時に民間企業が直面する課題でもあるからだ。

最近（2023年10月現在），路線バスの廃止や給食サービスの突然の停止など，公共的なサービスを担っていた民間企業の事業廃止の話題が相次いでいるが，利用者の減少と人手不足によって事業継続ができなくなるというリスクは，国内市場のみをターゲットとしているすべての民間企業が内包しているリスクである。

これに，昨今のウクライナ危機等に端を発する資材高騰や光熱費上昇による材料高という要因を合わせると，「民間ノウハウで，何とかなるでしょ」というレベルをはるかに超えつつある危険性をはらんでいる。

既に公共入札が不調に終わるのは珍しくはなく，PFIの応募支援の現場でも，上限価格に納まらず準備途中での応募断念を経験する機会が増えてきた。さらに指定管理者制度では，応募ゼロを経験した自治体が，ここ2年間だけでも23自治体にも上るそうだ（読売新聞 2023年7月23日の記事による）。

そしてここに，2024年からは，建設業や運送業の時間外労働の上限規制問題が押し寄せてくるのである。

こうなると，自治体としても条件を見直し，何とか議会を説得し，事業予算を増額したいところだが，そもそもPPP/PFI活用の大きな要因は，いかに財政縮減を図りつつ公共サービスを維持するか，というところにあったのだから，事業

費増額に向けた取組みは，容易なことではない。「無い袖は振れない」のである。

　では，どうすればよいのだろうか。1つは，シンプルに，当該事業の継続そのものを見直すこと。あるいは，事業規模を縮小することであろう。本当に公共として維持する必要がある事業なのか，本当にその規模の施設整備が必要なのか，まだ自治体に体力がある間に，ドラスティックな決断をする勇気が必要であろう。

　2つめは，PPP/PFIならではのレトリックを駆使して民間企業の応募モチベーションを保つこと。例えば，複数施設をバンドリングすることで事業としての規模を大きくしたり，事業期間が長いと先が見通せないのであれば，逆に事業期間を短くしつつ実績に応じて継続更新する形を導入するなど，さまざまな工夫が考えられよう。資材調達が厳しいなかで突貫工事が求められれば，その分コストが上がるのは当然だから，施設の供用開始日を柔軟に考えるといったことも求められるであろう。

　3つめは，PPP/PFIへの見方を変え，定石どおりのプロセスを踏んで公募して審査して事業者を選定する，という発想を逆転させることかもしれない。財政がひっ迫するなかでどういう方法なら事業を継続できるかという段階から一緒に考えてもらい，提案制度を活用するなどして公募とは違う形で事業を担ってもらい，継続的な対話と指導で公共サービス提供者としての意識を高めていってもらう……。いわば，応募段階での機会均等重視から，提供する市民サービス品質の水準均等の重視へと，視点を大きく転換するパラダイムシフトが必要かもしれない。

　いずれにせよ，答えは，1つだけではない。ただ，何もしなければ，「応募がなくなる日」はいつか訪れる。その日を座して待つか，色々な工夫にチャレンジして，その日が来るのを最大限に遅らせるのか。

　不確定要素が多いこの時代のなかで，その決断がいずれ，地域住民のこれからの生活を大きく左右する結果を招く，ということだけは，確からしいように思われるのだが，さて，あなたの未来は。

第6章 民間視点から見た PPP/PFIに 取り組むポイント

PPP/PFIに取り組む民間事業者は，事業への取組みスタイルによって，一般的に大きく2つのタイプに分けることができます。

1つは，PPP/PFIを自社の事業領域として確立しており，案件への応募経験や実績も豊富で，新しい案件を1年中ずっと追いかけているような企業です（便宜的に，「ゼネラルプレイヤー」と呼ぶことにしましょう）。日本全国を活動範囲ととらえている大手企業のほか，特定地域や特定分野に強い中堅・中小企業など，ゼネコン，リース，ディベロッパー，設計，運営，維持管理と，さまざまな業種のプレイヤーがあげられます。

ゼネコンやリース，ディベロッパーなどは，どちらかといえば，代表企業としてコンソーシアムを組成する側にまわることが多く，設計や運営，維持管理などは，代表企業から声がかかって構成企業としてチームに入ることが多く見受けられます（ただし，特定分野に強い運営企業や維持管理企業が代表企業として活躍する例も増えてきており，こうした分類は過去のものになりつつあります）。

また，企業風土にもよりますが，概ね同じ相手とチームを組成する企業もあれば，案件によってコンソーシアムを組成する相手を変える企業もあり，「今日の友は明日の敵」といった割り切った考え方も珍しくありません。

　もう１つは，自社の所在地で初めて（あるいは久しぶりに）PPP/PFI案件が公募されそうだからエントリーを考えているといった場合で，PPP/PFIに取り組んだ経験はあまりない企業です（便宜的に，「ローカルプレイヤー」と呼ぶことにしましょう）。どちらかというと[1]，地域に根づいた事業を行っている中堅・中小企業が多く，一見するとPPP/PFIにあまり縁がなさそうな業種の企業が，「わがまちの初めての案件だから」ということで，応募準備をする場合などもこのタイプにあてはまります。

　先に述べたローカルPFIやスモールコンセッションでは，自ら代表企業となり，地元企業同士でチームを組成することもありますが，もっと大型の案件の場合は，地域外からやってきたゼネラルプレイヤーに誘われて，構成企業や協力企業としてコンソーシアムの一員となる[2]こともあります。

　この２つのタイプは，準備方法も注意すべき点も大きく異なります。そこで，民間視点からみたPPP/PFIへの取組みポイントを，タイプ別に紹介することとします（なお，両方に共通する内容は「ゼネラルプレイヤー」のパートで解説しているため，ローカルプレイヤーの方も，「ゼネラルプレイヤーの取組みポイント」や「ゼネラルプレイヤーの応募までの流れ」をご一読ください）。

1　ゼネラルプレイヤーとローカルプレイヤーという分類は便宜的なものであり，企業規模で分類できるものではないことにご留意いただきたい。実際に，上場企業だがこの分類ではローカルプレイヤーに入る，というクライアントも存在する。あくまでも，PPP/PFIに対する事業活動の違い，ととらえていただきたい。

2　地元企業の参画に関する審査配点が高い場合などは，応募に慣れたゼネラルプレイヤーから地元企業に対し，代表企業となることを要請する場合が増えてきている。例えば，地場ゼネコンがスーパーゼネコンから依頼された場合などは，経営体力差などから委縮・逡巡するようなケースも見受けられるが，「地元加点を提供できる」という切り札を握っているのだから，臆することなく，堂々と代表の座に就けばよい。ただし，提案の取り回しと選定後の行政との対応，さらに自社が抱える可能性のあるリスクについての把握は，PPP/PFIに詳しい地銀担当者やコンサルタントなど，身近にアドバイザーをつけておく方が安心だと思われる。

(1)　ゼネラルプレイヤーの取組みポイント

　ゼネラルプレイヤーの担当者には，さまざまな手法に関する専門的知識やコンソーシアムを臨機応変に組成するネットワークなど，PPP/PFI独自のノウハウが求められます。そのため，比較的定期異動が多いとされる大手企業の場合でも，PPP/PFIの担当者はずっと同じ方が選任されていることが珍しくありません。

　サウンディングなどPPP/PFI関連の企業が集まる場所では，いつものお馴染みメンバーが集まって，ライバル同士でありながら談笑しているといった場面を見かけることもよくあります。

　そうした，いわばベテラン担当者が社内にも社外にも多いなかで，初めてPPP/PFIを担当することになった場合はどうすればよいでしょうか。あるいは，何度も応募しているけれども，なかなか案件獲得数が増えていかない，といった場合はどうすればよいのでしょうか。

　PPP/PFIのそれぞれの手法の特徴は，本書をはじめ，内閣府や国土交通省の各種資料などでじっくりご覧いただくとして，まずは初めての担当者や伸び悩み企業に多い「3つの勘違いパターン」に陥らないよう注意しましょう。

勘違い①　「とにかく机に向かい提案書を作れば勝てる」という誤解

　親会社から出向してきた役員や他部署から異動してきた管理職などに多いのが，この「とにかく提案書をシッカリ作れば勝てる」という誤解です。なかでも，ご自身は提案書作成作業には関与しないけれども，PPP/PFI事業部門の予算目標達成には情熱を注いでいる……という場合には，なかなか案件が獲得できないと，担当者が真剣に提案書作成に取り組んでいないからだと誤解し，クチを酸っぱくして激を飛ばすことも珍しくないようです。

　確かに，PPP/PFIは詳細を省いて端的に説明すれば[3]，提出した提案書が審査され最高点をとれなければ基本的に案件を獲得することはできません。そのため，充実した提案書を作成できなければ案件を獲得できないという発想は，大きな方向性としては間違いではありません。

　ただ，充実した競合他社の競争優位性のある提案を行うには，提案書をいかに作成するかという前に「徹底した情報収集[4]とターゲット案件の選定」と「コンソーシアムメンバーの組成」という"勝つための基本2カ条"を揃えておくことが必要です。これらの要素は，提案書を作成段階に担当者だけで充実させることは難しく，日ごろから事業部門全体で取り組まなければなかなか底上げされません。

　応募準備を提案書の作成を担う実務担当者任せにするのではなく，これらの要素にも日頃から焦点を当てて，部門全体で準備をしておくことが望まれます。

【図表6－1　公募型のPPP/PFIに勝つための基本2カ条】

徹底した情報収集とターゲット案件の選定	ゼネラルプレイヤー企業であれば，公募が始まってから慌てて対応を検討する，ということは稀である。ア）PFIやPark-PFI等の新規案件であれば概ね基本計画の策定や議会答弁などで案件化がニュースになった段階で，イ）再公募が多い指定管理や包括民間委託では次回公募の前年度末にはターゲット案件リストを作成するなどして，どの案件に応募するかの選定を行うのが一般的である。わが社の応募支援部門にも，公募開始が想定される1年以上前から「応募することになると思うから，空けておいてほしい」と応募支援の予約が入ることは珍しくない。

3　PPP/PFIの手法に関わらず，価格点の割合が概ね10～30％程度と，提案点に比べて高くはないことが一般的になってきていることに基づく（指定管理者制度は48頁の脚注に記載した通り，価格点の配点が50％という自治体もまれにあるが）。

4　施設整備が伴う案件に関する初期段階での情報は，建設分野の2大全国紙とも言われる建設通信新聞や日刊建設工業新聞に掲載されることが多い。なお，これらの情報は，日本PFI・PPP協会の会員データベースで一覧として見ることができるため便利である。また日経BP総合研究所が運営するウェブサイト「新・公民連携最前線」は深堀りした事例紹介なども多く，とても役に立つサイトである。

178

	言い換えると，公募が具体化してから対応に動くということを重ねていては，コンソーシアムメンバーの組成も十分にできず，準備不足でなかなか成果が出にくいのは当然である。PPP/PFI事業部門には，提案書作成といった具体案件の応募作業を行う機能だけではなく，早い段階から情報をキャッチし，メンバー組成や情報準備を少しずつ進めておくことも不可欠な機能であり，そうした機能を充実させることも重要であろう。
コンソーシアムメンバーの組成	「PPP/PFIの実績が多い企業は，コンソーシアムメンバーの組成がうまい」，というのはコンサル現場の定説となっている。案件情報に基づいて，優れた提案をするうえで必要な機能だが自社に欠けている要素は何かを考え，それらを有する，実績が多く優位性が高い企業・団体と，他社に先がけてチームを組む交渉を行うという機能は，勝つための基本要素として不可欠である。 なかには，コンソーシアム相手として組むのに最適だと思われる企業を他陣営に押さえられた場合は，公募が開始して多少準備が進んでいたとしても応募を断念する，ということを暗黙のルールにしていると思われるゼネラルプレイヤーさえある。 「あの企業を他陣営にとられたか……」という場合に，提案内容を強化・充実することで結果をひっくり返して勝利に導く……というのは，応募支援コンサルタントの醍醐味ではあるが，あくまでもそれは緊急手段である。 応募準備を提案書作成担当者だけの責任とするのではなく，PPP/PFI事業部門全体の課題と認識し，日頃からの事例分析に基づく企業ネットワークづくりも含め，メンバー組成機能の強化に取り組むことが求められよう。 なお，顔ぶれを集めても，チームメンバーとしてアイデアを練り上げる雰囲気づくりや会議運営が機能しなければ，結局はライバルに勝てるプランや提案を練り上げることはできない。そのため，代表企業の担当者には，チームビルディングやファシリテーションといったスキルも重要な要素となることにご留意いただきたい。

（著者作成）

勘違い②　「民間のビジネス常識で発想すれば勝てる」という誤解

「エントランスに当企業グループの看板を出しておけば，施設の信用度が上がって，利用客が増えるはすだ」「要求水準にないことを提案したらコスト増になるから書くな」……いずれも実際に民間企業の応募支援の現場で耳にしたことがある言葉です。

最近は，PPP/PFIが公共分野のビジネス領域であるという認識も浸透し，そうしたいわゆる"民間チックな発言"を耳にする機会も減りつつありますが，現場担当者が「公共サービスの担い手」という意識を高めつつあるにもかかわらず，民間向け事業に長年携わってきた上司が，異動後もその理論を持ち込んで指示を出すことで，現場担当者が身動きできなくなるケースは依然として少なくないようです。

例えば，現場担当者は包括的民間委託にチャレンジして成果を出したいのに，とにかくコスト減だけを優先する指示が飛んでくるため，提案で優位性がアピールできず連敗している場合や，逆に要求水準書を熟読せず大手民間企業の施主に対する提案と同じように自社独自の最新性能を発揮することにこだわった挙句，結局予算が上限に納まらず，ぎりぎりになってから大幅にプラン変更となり現場が引っ掻き回される場合など，担当者が苦労しているケースも少なくありません。

事業部全体でPPP/PFIに関する事例研究などの機会を設けることで，共通認識を醸成する機会を高めることが有効な対策だといえるでしょう。

【図表6-2　公共サービス意識が希薄・PPP/PFI意識が希薄な典型例】

民間発想からの意見	公共発想・PPP発想からの留意すべき点
要求水準で求められている以上のことを書くな。／具体的に書いたらやらないといけなく	性能発注方式では，どういう方法で性能を発揮するかを具体的に提案することを求められているため，概論だけでは詳細がわからず評価につながらないため勝てない。また，PFIやDBO案件では，最近の多くの事例において，

180

| なるから書くな。 | 図表6-3のとおり「要求水準書どおり」の記載は0点と評価するケースが増えているため，要求水準で求められている以上の提案が見受けられなければ，評価点数が取れない。 |
| コストダウンのために現場の担当者を極力減らせ。 | 　機械化の進む民間商業施設を担当してきた経験が長い管理者に多い発想だが，公共目線からの発想としては，清掃ロボットの導入などの技術革新による人員削減提案は喜ばれるものの，一般市民が利用する施設は緊急時にすぐに対応できることが優先順位の高い重要課題のため，一見ムダに見えたとしても，手厚い体制の方が評価としては高くなることが多い。 |

（著者作成）

【図表6-3　一般的な評価項目の採点基準の例（PFIの場合）】

評価	判断基準	得点化の方法
A	特に優れている	各項目の得点×1.00
B	AとCの中間程度	各項目の得点×0.75
C	優れている	各項目の得点×0.50
D	CとEの中間程度	各項目の得点×0.25
E	要求水準書を満たす程度	各項目の得点×0.00

（複数の事例に基づき著者作成）

勘違い③　「提案様式に沿ってきちんと記載すれば勝てる」という誤解

　PPP/PFIの提案書は，基本的に，提案すべき項目（記載要求項目）が様式のタイトル部分に記載されており，それに沿って提案をまとめるスタイルが一般的です。図表もまじえて，1つの提案項目に複数ページを使って作成するため，指定管理やPark-PFI，民設民営などで30〜50頁以上，PFIやDBOであれば80〜100頁以上になることも珍しくありません。

　施設整備が伴う場合は，施設が要求水準を満たしているかを考えつつ，自分達の提案部分を取り入れながら，かつ設計建設費が提案上限金額に納まるよう

に配置プランをもとに検討協議し意見交換する期間が長いため，公募から提出まで半年ぐらいあるといった場合でも，あらゆる提案を実際に提案書に落とし込むのは後半になってからということも珍しくなく，記載要求項目に沿って様式を何とか埋める作業にバタバタと追われるのが一般的です。

そうした場合，要求水準書と様式だけを見て作業をしていることが多く，審査基準への対応がおろそかになることが少なくありません。特に，設計図面だけを見て協議に参加する管理者がいると，提案書を仕上げる時期が来ても，プランの改善が打合せ時の話題の中心となってしまい，審査基準上必要となる提案事項に関する意見交換の時間が十分にとれず，結果として思ったほど得点が伸びないことがあります。

基本的に，PPP/PFIの審査は，細かい審査基準に基づく審査となるため，ある部分でとびぬけて良くても，他の項目で加点できなければ勝てません。

「他陣営よりも優れた提案をしているつもりなのに，点が取れない」といった場合は，提出前に提案書類の完成度を高めることだけに目が向いてしまい，細かい審査基準との突合せ作業を行っておらず，得点を取りこぼしている可能性があります。

こうしたミスを防ぐためにも，提案検討の最初の段階で，審査基準（落札者決定基準）を全員で熟読し，常に審査基準を参照しながら意見交換していくことが，望まれます。

(2)　ゼネラルプレイヤーの応募までの流れ

　ゼネラルプレイヤーは，PPP/PFIを自社の事業領域の1つとして確立しているため，先に述べたとおり，情報収集がルーティン業務に組み込まれており，公募が始まってから動くのではなく，公募が始まる前に案件情報を収集するところから対応プロセスが始まります。

　応募までの流れは，PPP/PFIの手法や各社の取組みスタイルによって異なりますが，初めて担当することになった場合の基礎知識として，応募までの一般的なプロセスを見ておきましょう（図6−4）。

【図6−4　ゼネラルプレイヤーの一般的な応募プロセス】

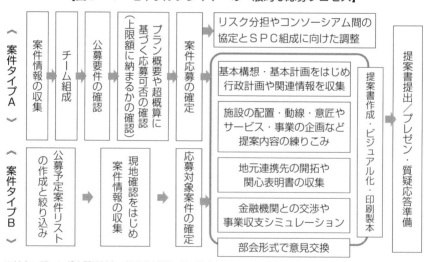

※サウンディングや質問対応，競争的対話など，特定のPPP/PFI手法に該当する手続きは割愛している

　・案件タイプA…PFIやDBO，コンセッション，民設民営，Park−PFIやリース方式など，事業
　　　　　　　　期間が比較的長いもの
　・案件タイプB…指定管理者制度や包括的民間委託など，事業期間が比較的短く，かつ，いった
　　　　　　　　ん制度が導入されると，事業期間終了後に再度公募されるのが一般的なもの

（著者作成）

　実際には，チーム組成などは公募要件の確認を行いつつ同時並行で行われたり，応募準備が相当進んで事業収支を検討する段階までいってから，やはり応募を断念ということもあるため，図6－4のフロー図はあくまでも応募プロセスをモデル的に示したものであることにご留意ください。

　なお本来は，案件を獲得して終了ではなく，そこからがスタートであり，自治体との折衝や仕様の確認，リスクの再確認，そして契約書のリーガルチェックと契約行為[5]などが続きますが，そこは対行政ではなく，対民間でも同じような注意ポイントになるため，PPP/PFIを初めて担当した方でもイメージしやすいと思います。

　そこで，図6－4のプロセスの中でも，PPP/PFIに特有のステップとなる，「案件獲得」に必要な3つのポイントを確認しておきましょう。

ポイント①　行政計画や関連情報の収集

　ゼネラルプレイヤーであれば，募集要項や要求水準書などの応募関連資料を読み込むだけではなく，応募案件に関する基本構想や基本計画，パブリックコメントの結果などの案件付随情報に加え，対象施設に関する行政計画（例えば，スポーツ振興計画，文化振興計画など）を確認しておくのが一般的です。

　なかには，より上位の行政計画やまちづくり構想（例えば，総合計画や総合戦略，コンパクトシティ構想やデジタルスマートシティ構想など）を詳しくチェックしたり，審査員の顔触れがわかる場合は研究の専門領域を調べたり，著書を読み込んだりするゼネラルプレイヤーもいるくらいです。

　ただ，こうした机上で確認できる情報以上に有効なのは，現地を見て，周辺環境を調べて，利用団体や地元の地縁団体の話を聞くことです（実績が多いゼネラルプレイヤーなのに現地をロクロク見ていない人に，お会いしたことがありません）。

　応募団体が概ねどこにでも通用するような横並び提案をしているなかで，自

5　指定管理者制度は，先に述べたとおり法的には行政処分となるため協定書を締結することとなる。

分達だけが行政施策や地域特性を踏まえた地域密着型の特徴的な提案をしていると，審査員の納得度がグンとあがります。こうした提案スタイルこそ，大きな加点要素につながるといえるでしょう。

ポイント② 地元連携先の開拓と関心表明書の収集

　事業運営がカギとなる公の施設であれ，包括的民間委託のようなインフラ管理であれ，地元の事業者や団体と連携しなければ事業はスムーズに行かず，連携ナシで提案しても実現性が保証できません。

　公の施設であれば，少なくとも利用団体や地域の学校（大学連携含む），団体利用が見込める周辺企業等とは連携しておきたいですし，インフラ管理であれば，地元を熟知している再委託先企業を複数（多数）確保しておくことで，地域に密着した提案を行いやすくなります。

　PFIやDBOのような施設整備でも，地元企業との連携が審査基準になっていることもあり，建設や維持管理の再委託先企業の発掘や，備品・消耗品を発注できる地元企業を発掘することは，多くのゼネラルプレイヤーが行っています。

　そうした地元の企業・団体と，本当に連携できていることを証明する書類を「関心表明書」といいます。図表6-5はもっとも基本的な書式となりますが，関心表明書は，企業・団体の代表者名ではなく部課長名での発行でもよいため，依頼がしやすく便利です。

　ただし，法的拘束力はなく何枚でも発行できるため，ライバル団体それぞれに発行することも可能なため，「この団体は自分達だけの味方だ」と勘違いしないようご注意ください。

【図表6－5　関心表明書のひな型】

```
                                              年　月　日

（関心表明書を受け取る
企業名又はグループ名）御中

                          所在地
                          商号又は名称
                          役職・氏名　　　　　　印


        「　（事業名）　」関心表明書


    当社は（上と同じ企業名　または　グループ名）が提案を予定してい
る「事業名」（以下、「本事業」という。）につきまして、貴グループが落
札者に選定された際には、貴グループと連携し、本事業に協力する意
向があることを表明します。


                          記


    協力する内容を適宜記載




                                              以上
```

（複数の事案に基づき著者作成）

　元々は、最初に多額の資金が必要となるPFIにおいて、金融機関等が当該事業（当該応募団体）に関心があり、融資を検討するつもりがあることを表明するために提出する文書でしたが、最近は、提案書で連携先として掲げる企業・団体と本当に連携できていることを証明し、提案の実現可能性の高さをアピールするために、提案書の付属資料[6]として提出されることが一般的になってき

6　つまり、様式で定められた提案書以外に付属資料を添付することが認められている場合にしか、提出できない。関心表明書を集め始める前に、まずは提出書類の作成要領の確認を。

ました。PFIやDBOだけではなく，Park−PFIや指定管理でも，添付される
ケースが珍しくありません。

　関心表明書は，提出義務があるわけではなく，直接審査基準に結びついてい
るわけではないため，提出しないからといって減点されることはありません。

　ただし，図表6−6のデータのとおり，審査員のおよそ2人に1人が関心表
明書に目を通しているため，地元との連携をアピールすることが付加価値にな
るような案件であれば，取得を検討することが望まれます。

【図表6−6　（再掲）PFI審査員による提案書の付属資料の取扱い】

株式会社ブレインファームでは，2015年〜2020の間に選定終了を迎えたPFI案件を
対象に，審査員に選任された学識経験者300名を対象にアンケートを実施した。下
図は，そのうちの20％にあたる60名から得た回答結果を取りまとめたデータとなる
（国土交通省が後援するセミナーにおいて既出であり，希望者には無料で全データ
が交付が可能である。最終ページを参照のこと）。

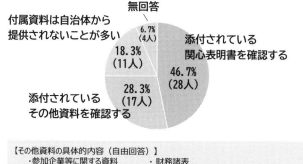

　無回答
付属資料は自治体から
提供されないことが多い
6.7%
(4人)
18.3%
(11人)
添付されている
関心表明書を確認する
46.7%
(28人)
28.3%
(17人)
添付されている
その他資料を確認する

【その他資料の具体的内容（自由回答）】
・参加企業等に関する資料　　・財務諸表
・参考事例資料　　　　　　　・質疑応答書類（対話に関する書類）
・企画提案書・設計図書　　　・業務要求水準書
・事業計画、資金調達　　　　・収支計画、運営方針など

（当社独自調査による）

　なお，審査員も確認するということは，質も重要です。いたずらに数[7]を集めるだけではなく，どういう連携が望まれるかを考え，関心表明の依頼先を選定することも，重要なポイントであるといえるでしょう。

ポイント③　提案書の作成・ビジュアル化

　PPP/PFIの提案書を作成するうえで，提案内容を充実させることはもちろん重要ですが，せっかくの配置プランや事業企画も，その魅力が審査員に伝わり加点を得られなければ，案件を獲得することはできません。

　そのため，提案書の構成やビジュアル調整を専門的に担当する部署を設けていたり，専門業者に外部委託しているケースも多く見られます。

【図表６−７　審査基準にはないが心象が下がる要素】

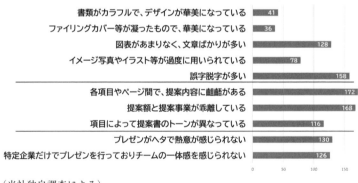

（当社独自調査による）

　PFIの審査員経験者からみた「心象が下がる要素」は図表６−７のとおりです。提案書の作成準備やプレゼン準備には各社独自のノウハウがありますが，少なくとも次のような点に留意することが望まれます。

7　何社分ぐらい提出するかは，コンソーシアムの戦略によって大きく異なる。100枚以上集めても取得先が提案内容との関連性が低い場合は選定を獲得できなかったケースもあるし，5枚程度でも選定された案件もある。

・「文字ぎっしり」とならないよう，1ページに図表を1つ以上配置。
・パッと見ただけで特徴が訴求できるよう，写真やイラストやイメージ図を活用。
・グループ各社の違いが目立たないよう，テイストを揃える作業が必要。
・提案額はギリギリまで検討することが多いが，提案額との乖離がないよう提出前に必ず確認。
・用語集や禁則集を早めに共有し，誤字脱字を提出前に徹底チェック。
・上手ではなくとも熱意が伝わるプレゼンとなるよう，プレゼン練習で話し方や言葉のトーンを調整。

(3) 公募から動くのか，公募を創り出すのか～PPP戦略を明確に

　ゼネラルプレイヤーのなかには，自治体が案件を発案しそれに対応する，という動きだけではなく，地域課題の解決に向け自分達自身で案件を創り出す[8]，という動きを行っている企業もあります。

　先に述べた，各種の提案制度を活用するというのもその手法の1つですし，プラットフォームに参加して，積極的に提案を出すという方法もあるでしょう。講演会・セミナーといった機会や自治体向け冊子などを活用して，地方自治体にとって役に立ちそうな情報発信を行っている企業もあります。

　またさらに，企業として独自の動き方をしているケースもあります。

　例えば，包括的民間委託という制度は，109頁にも記載のとおり，民間企業のある職員が当時まだ存在していなかった仕組みを発案し，わかりやすい企画書にまとめて行政に提案したものが，今では全国に広がっていったPPP/PFI手法です。

　当社でも，まだバンドリングの概念があまり知られていなかった時代に，あるクライアント企業へのコンサルティングの一環として，具体的な複数施設

8　ビジネスの一環として取り組んでいるという点では大きな違いはないが，単なる営業活動とは発想軸が異なるものだとご理解いただきたい。

（指定管理施設）を対象に，まとめて公募することでどのようなメリットがあるかを整理し自治体に提案していただくことで，当該自治体の公募のあり方が変わったこともあります。

　PPP/PFIという手法はまだ成長過程にあり，地域課題の解決に向けてより優れた手法や運用スタイルが生まれる可能性もあります。また現在活用されている手法についても，自治体の現状に合わせてさまざまな工夫を民間事業者として提供できるかもしれません。

　プレイヤーとして公募に対応するのか，パートナーとして公募を創り出すのか。PPP/PFIに対するそれぞれの企業戦略の違いが，これからさらに多様化していくことが予想されます。

⑷ ローカルプレイヤーの取組みポイント

　ローカルプレイヤーとは，先に述べたとおり，地元のPPP/PFI案件への応募を考えているものの，PPP/PFIに取り組んだ経験はあまりない企業を想定した言葉です。

　実際に，最近注目され始めたローカルPFIやスモールコンセッションはもちろんのこと，以前から全国に事例が広がっているPark‐PFIや指定管理者制度では，PPP/PFIの実績がない企業や，PPP/PFIにあまり縁がなさそうな業種の企業が，果敢に応募にチャレンジし，実際に案件を獲得しているケースも少なくありません。

　ただ，せっかく地元への熱い貢献意欲を持ち，施設整備や管理運営を行う実力がありながらも，PPP/PFIに対する基本的な部分での勘違いのおかげで，参画についての社内稟議が進まなかったり，案件獲得という成果が創出できなかったりするローカルプレイヤーを見かけることがあります。

　そこで，ローカルプレイヤーが勘違いすることが多い要素を回避するために，3つのルールをみておきましょう。

ルール① 提案やプレゼンは熱意や信条を語る場ではない

　あえてステレオタイプな言い方をすると，たたき上げで頑張って会社を大きくしてきたような"信念のある苦労人"タイプや，自分のアイデアや創意工夫で事業を切り開いてきたローカルプレイヤーに多いのが，この失敗です。

　このタイプは，今までのコンサルティング経験からすると，大きく2つに分けることができます。

　1つは，PPP/PFIは多くが性能発注のため，本来は，その性能をどのように実現するのかという「具体的な企画提案内容を説明する」のが提案書やプレゼンテーションであるにもかかわらず，地元愛や自分達の熱意・信条を前面に押し出せば勝てる，という思い込みを持っているタイプです。プレゼン審査の

場で，提案の一部分にしか過ぎないにも関わらず，他社とは異なる（と思っている）アイデアだけを延々とアピールする，というのも，このタイプにあてはまります。

　そしてもう1つは，相手が日頃は接しない公共ということで張り切ってしまい，何か大きな視点から提言をしなければならないと思い込み，事業提案を超えた行政そのものへの提案や批判などを，プレゼンテーションで滔々と語るタイプです。

　いずれも，本当に真面目で熱心なローカルプレイヤーであり，実際に案件を獲得すれば，マーケティング力とマネジメント力を発揮して，地域のためになる魅力的な施設整備や管理運営が実現できるポテンシャルが高いのですが，上記のような思い込みが強いため，例えば，当社が支援してできあがった提案書を，提出直前に社長が手を加えてコロッと変更するなど，コンサルティング会社でもサポートが難しいことがあります。

　ローカルプレイヤーは地元で活躍している企業が多いですが，行政が求める仕様や要求水準を具体的にどのように実現できるのかがわからないと，いくら実力があるからといって，安心して公共サービスを任せることはできません。

　図表6－8からもわかるように，審査員が求めているのも，実態の見えない「熱意」ではなく，どのように事業を実現するかという「具体論」であることに留意してください。

【図表6－8　審査員アンケートより～提案書を審査する上で困る要素】

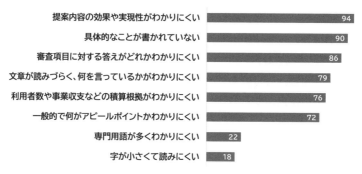

提案内容の効果や実現性がわかりにくい	94
具体的なことが書かれていない	90
審査項目に対する答えがどれかわかりにくい	86
文章が読みづらく、何を言っているかがわかりにくい	79
利用者数や事業収支などの積算根拠がわかりにくい	76
一般的で何がアピールポイントかわかりにくい	72
専門用語が多くわかりにくい	22
字が小さくて読みにくい	18

（当社独自調査による）

ルール②　審査は平等で公正だが公平ではない

　極端な事例で恐縮ですが，皆さんは，例えば自分や家族がガンに罹患したことがわかった時に，どちらのドクターに担当してもらいたいですか？

> ドクターＡ：「歯科が専門でガンの手術経験もありませんが，しっかり勉強しましたし，何より完治まで熱意を持って取り組みます。」
> ドクターＢ：「ガンの手術経験はありませんが，外科が専門で，胃潰瘍の手術は何度か経験しています。」

　もしも，どちらかを選ぶのであれば，おそらくほぼすべての方が，外科が専門で手術経験のあるドクターに担当してもらいたい，と思うことでしょう。

　PPP/PFIも同じです。いくら地元愛が強く，熱意があるからといって，当該事業分野の経験が全くなく，当該施設のマーケティングやマネジメントを任せられるというポテンシャルが感じられない企業・団体に管理運営を任せたいとは思いません。

　地域住民のために，リスクを冒さないよう，行政は基本的に実績主義です。語弊を恐れずに言えば，PPP/PFIの審査は，基本的に平等で公正ですが，誰に対しても公平というわけではありません。答案さえ出せば全員に公平にチャ

ンスが回ってくるかもしれない，という学校の試験ではないのです。

　最近は，審査員の予断や偏見を排除するために，企業名を黒塗りにして提案書を提出させるケースも増えてきていますが，例えば，全く当該分野の業務経験がないけれども，コンサルタントのチカラを借りて，「とりあえず提案書のカタチさえ何とか整えば通るかもしれない」というのは無謀な賭け[9]なのです。

　ローカルPFIでは，確かに地域企業の参画がうたわれており，これからは，ローカルプレイヤーがPPP/PFIで活躍する機会がさらに増えていくことでしょう。

　しかしそれは，PPP/PFIを民間企業の育成の場として活用するということではなく，経験や実績が豊富な民間企業のノウハウをPPP/PFIに活用する，ということを意味しているのです。

　では，せっかく地元でPPP/PFIが公募されそうだという情報をキャッチし，ぜひトライしてみたのに，全く関係がない事業を営んでいるという場合はどうすればよいのでしょうか。

　それは，先の例から推測できます。もしもあなたがドクターAで，どうしてもドクターBに勝ちたいのであれば，自分で手術するのではなく，ガンの手術の経験が豊富な医師を連れてきて手術をしてもらい，あなた自身は，術後ケアのフォローや退院後の生活のサポートを行うように役割分担してはどうでしょうか。そうすれば，ドクターBよりも，丁寧できめ細かい対応が評価されるでしょう。

　つまり，自社だけでは足りない要素があれば，コンソーシアムを組むことで，

9　いまだに年に1〜2件程度，指定管理者制度を中心に，全く対象施設の経験がない問合せ（例えばビルメンテナンスの経験しかなく，運動指導者のネットワークもないが，スポーツ施設に応募してみたいなど）が舞い込んでくる。案件情報を聞いて参画したくなったという場合も多いが，「親交のある地方議員に勧められて」というケースも少なくない。議員は審査に携わるわけではなく，無用に期待を持たせる情報発信は慎まれた方がよいのではないかと思うのだが，いかがだろうか。

グループとしてのチカラをアピールすることができるのです。そういう準備を行うためにも，先に述べたように，情報を早く入手することが重要なのです。

ルール③ ジャイアントキリングは決して不可能ではない

　地元で大型のPPP/FI案件が公募されることになり，その地を事業基盤とするローカルプレイヤーが応募したとしても，ゼネラルプレイヤーで実績が豊富な大手企業がライバルの場合には，絶対に勝てないのでしょうか？

　あるいは，地元のPPP/FI案件の公募でライバル同士お互いに地元企業だった場合に，PPP/FI未経験の中小企業は，PPP/FIの経験や実績をもち経営規模の大きい中堅企業に対して，絶対に勝てないのでしょうか？

　先にルール②において，基本的に行政は実績主義であり，経験がなければPPP/FI案件を勝ち取ることは難しい，と述べました。それならば，常に実績の数が多い大手企業や地元の有名企業が案件を獲得することになってしまいます。

　しかし実際には，審査員の予断や偏見を排除するために，企業名を黒塗りにして提案書を提出されるケースも増えてきています。公共の実績はないけれども企画力・実行力が高いことがうかがえる場合に，提案内容そのものが優れていれば，実績の不利を挽回することも不可能ではありません。

　ジャイアントキリングとは，大方の予想を覆して明らかに格上の相手から勝利をもぎ取る，いわゆる「大番狂わせ」のこと。PPP/FIでは，圧倒的にスゴイ提案で，実績や企業規模の差を覆す場合などを指します。

　この言葉ですぐに思い出されるのは，浄化槽PFIの応募支援の現場です。PFI実績ゼロの小規模企業のグループが，企業規模がはるかに大きくPFIの実績もある地元の有力企業に立ち向かうことになり，「企画提案を練り上げるために自分達で何ができるのか」を悩んだ挙句，対象地域を全戸回って実態を調

べ上げたことがありました。高齢者も多いメンバーが，粘って粘って足で稼いだ情報はとても貴重なもので，現場状況を反映したきめ細かい提案で大きな差を生み出しました。

　他にも，民設民営案件で，ゼネラルプレイヤーを含む多数の企業グループと競合することになったローカルプレイヤーも，ものすごい粘りでした。当社が提案する事業企画をすべて実現するために，連携が必要な企業・団体を100以上洗い出し，丁寧にアポをとって訪問して，きめ細かく企画意図を説明・折衝を続けられました。この企業もPPP/PFIへは初めての応募でしたが，関心表明書の数の多さはもちろん，地域ぐるみでの事業実現がうかがえる充実した提案で，勝利を生み出しました。

　このように，「PPP/PFIの実績はなくとも，自社が日頃行っている業務領域では豊富な実績があり，その経験を今回のPPP/PFI案件に活かせそうなこと」や「他社の提案を上回るような，地域特性に配慮したきめ細かいアイデアや優れた工夫が提案されていること」のアピールに向けて真摯に取り組むことが，ジャイアントキリングに成功する秘訣なのだといえかもしれません。

⑸ ローカルプレイヤーの応募までの流れ

　ローカルプレイヤーは，どちらかといえば，何らかのPPP/PFI事業が地元で案件化されるということがわかった段階から動くのが一般的となっています。地元自治体で説明会があることを知ったという場合もあれば，ゼネラルプレイヤーからコンソーシアムメンバーにならないかと声がかかった段階から，応募を真剣に考え始めるかもしれません。

　公募が始まってから，実際に提案書を提出しプレゼン審査が終わるまでの応募に関する一連の流れは，ゼネラルプレイヤーと大きくは違いませんが，応募準備のための小さなコツを含め，応募までの流れを確認しておきましょう。

【図6−9　ローカルプレイヤーの一般的な応募とポイント】

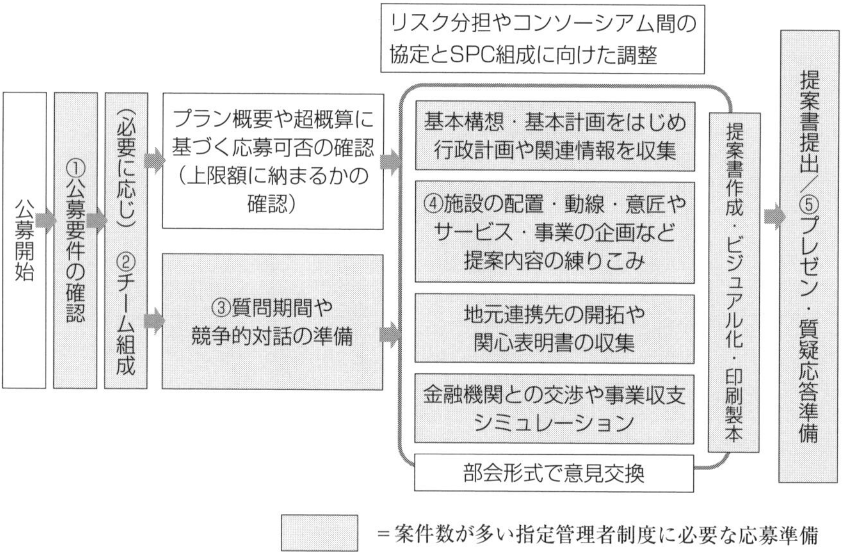

（著者作成）

① 公募要件の確認

指定管理であれ，その他のPPP/PFI手法であれ，まずは募集要項（入札説明書）と要求水準書（仕様書），審査基準（落札者決定基準）などを担当者全員で熟読し，資格要件をクリアしているかどうかや，応募に必要な提出書類（先にあげた提案書以外に，財務諸表や納税証明など，必要書類がたくさんあります），提出までのスケジュールなどの基本項目を押さえておきましょう。

特にコンソーシアムで提出する場合に，直前に慌てないよう事前調整が望まれる主な項目は下記のとおりです。

◆コンソーシアムで事前に調整しておくことが望ましいこと

> ・1枚に各社の押印が必要な書類を，誰がどの順番でどうやってまわすのか。
> ・提出前の社内決裁を，各社がいつどの段階で取らなければらなないか（会社によって役員会など社内決裁用の会議開催日が異なるため。それによって，いつまでに提案書や入札価格を固めないといけないかといったスケジュールが決まることになる）。
> ・（多くの自治体ではまだ紙での提出を求めるため）必要な大量の印刷製本作業を誰がどこで行うのか（相応のコストもかかる。また，データのやり取りができる提案書だけではなく，納税書類や関心表明書などを原紙を集めてコピーすることも必要となる）。

② チーム組成

専門性をうまく補完しあえるよう，一緒に提案するメンバーを組成します。ただし，メンバーが多ければ多いほど，各社の利益を織り込むために最終提案額が上がっていくのが一般的ですから，コンソーシアムメンバーが多い方が有利というわけではありません。

PPP/PFIは中核業務以外は再委託OKということが一般的ですから，地元の縁で声をかけられたら次々と「ぜひ一緒に」と言いたくなる気持ちをグッとこらえ，優れた技術やノウハウ，実績があるなど，構成メンバーとしてアピールにつながるかを冷静に考えてみてください。そうとも言えない場合は，関心表

明書を受け取りつつ獲得後にまた声をかける形で対応しておく方が無難です（ちなみに，設計・建設が求められない指定管理者制度であれば，1社での応募も珍しくありません）。

③ 質問期間や競争的対話の準備

　指定管理や包括的民間委託，Park‐PFIであれば公募期間中に概ね1回，PFIやDBOであれば概ね2回程度，質問を受けつける期間があります。この機会を逃すと質問ができなくなるため，「確認しておけばよかった」と後悔しないよう，募集要項や要求水準書，審査基準を読み込んで不明点[10]を洗い出しましょう。

　質問回答は基本的に開示されるため，「質問という機会をどう活用するか」という視点も重要です。例えば，指定管理の現管理者である場合などは，ライバルにヒントとなる質問は慎み，逆に自分達に有利となる回答がもらえそうな場合は回答を知っていても質問[11]を出しておく，という手法をとったりします。

　競争的対話とは，PFIやDBOで活用される自治体と応募団体で個別に行われる対話のことで，要求水準書とは異なる提案をしてもよいかの確認や，要求水準を変更しなければ上限価格に納まらない場合の交渉などを行います。

　競争的対話の結果は，各社のノウハウなどが詰まっているため，開示してもよいかどうかの確認があり，通常は非開示とすることも可能なため，他社に知られたくない独自提案の確認などは，質問ではなく対話を活用するのが一般的

10　行政も万全ではないので，パートナーの気持ちで細かく読み込みを。例えば過去には，100点満点で審査すると記載されているのに，審査基準点の合計が100にならない，ということさえあった。

11　例えば，主要な備品を自社で持ち込んでいる場合などに，「備品Aは，行政より貸与いただけますか，指定管理者が準備するものですか」などをあえて質問して，「指定管理者側で用意してください」という回答をもらうことで，競合団体の出鼻をくじく，といった方策が挙げられよう。

です。

④　提案内容の練りこみ

　要求水準書と審査基準を見比べながら，様式で求められている記載事項の提案内容を練りこみます。

　打合せで提案を練りこむためのファシリテーションの方法がわからない，という場合は，その日の協議テーマを決めることと，すべての協議を「見える化」することが役に立ちます。次回話し合う様式項目をあらかじめ決めておき，提案事項を各社（１社応募の場合は各担当者）が箇条書きで事前提出し，当日はそれを配布して，それを見ながら意見交換をするだけで，フリーディスカッション方式よりもはるかに意見交換がスムーズになります。

　なお，提案内容を練りこむ際は，次の点に留意することが望まれます。

> ・要求水準書で，言い切り表記（例：「○○を設置する」）ではなく，提案余地がある表記となっている箇所（例：「○○以上を確保する」「○○が基本」「○○も可とする」）は，それを超える提案をすることで差別化が図れないかを検討する。
> ・意見がでなくなってきたら，ライバル団体を上回る提案になっていると思うか，という視点から意見交換を行い，適宜，審査基準の確認に戻る。

⑤　プレゼン・質疑応答準備

　プレゼン審査がある場合は，パワーポイントスライド[12]を投影しながら，概ね20〜30分ぐらいがプレゼン時間で，残りの20〜30分が質疑応答時間というケースが一般的[13]です（プレゼン審査自体がない場合もあり）。

12　パワーポイントスライドの代わりに動画パースなどを活用する企業もあるが，制作コストがかかるわりに点数アップと比例していない印象を感じるのと，そもそも動画は不可というルールが示されることもあるため，「観光施設で朝と夜のイメージの違いをどうしても示したい」といった場合以外は，一般的なスライドで問題はないと思われる。
13　あくまでも「一般的」には。指定管理者制度の２次審査では，プレゼン時間が５〜10分

　事前に日程が明らかにされておらず，提案書提出後に連絡が来るというパターンが多く，日程が届いたのがプレゼン1週間前といったことも珍しくないので，提案書を提出したらすぐにプレゼン準備を始めることが望まれます。

　一昔前は，指定管理者制度などでアナウンサー経験者を当日プレゼンターに起用するという作戦が流行した時もありましたが，「上手く話せる」と「熱意を込めて話す」にはギャップがあり，今ではあまり見られません。

　プレゼン準備をどの程度充実させるかは各社全く異なっており，コンソーシアム内で1回プレゼン練習をして終わり，ということもあれば，最も熱心な場合は，管理職参加でプレゼンデモを繰り返し，アピール力が高まるようチカラを込める箇所や息継ぎ位置について，協議しながら細かく修正を繰り返すこともあります。

　187頁のデータどおり，熱意が感じられないプレゼンは審査員の心証を下げてしまいかねません。審査をするのは人です。提案特徴をわかりやすく伝えられ，事業への熱意が感じられるプレゼンができるよう，準備を徹底することが望まれます。

　なお，ローカルプレイヤーに多いミスが，「提案書で書ききれなかった提案があれば，プレゼンテーションの場で伝えればよい」という思い込みです。性能発注では，民間事業者からの提案書が実質的な仕様書と同じ意味を持つため，通常，記載されていない事項をプレゼンで説明することはできないというルールが示され，最悪の場合は失格となるため注意してください。

という場合もあり，PFI・DBOでは，質疑応答時間が1時間以上設けられている場合もある。

ひとくちコラム6

SX視点から見る公共調達の未来

　さて，最後のコラムはSXのお話を。多くの指定管理者が首を長くして待っているのが，このSXではないかと思うが，地方自治体の元に，DXやGXはやって来たものの，どうやら，まだSXは訪れてこないようだ。

　この「X」とは，あの飛び立って行ってしまった青い鳥のことではなく，「変革」を表す英語のtransformation（トランスフォーメーション）のこと。前半のtransに「交差する」という意味があることから，Xという略称が使われるようになったらしく，DXはデジタルトランスフォーメーション，GXはグリーントランスフォーメーションの略である。

　前者は，デジタル田園都市国家構想総合戦略に形を変えて全国の自治体の元に舞い降りてきて，「まち・ひと・しごと創生総合戦略」の4本柱だった，「地方に仕事をつくる」「人の流れをつくる」「結婚・出産・子育ての希望をかなえる」「魅力的な地域をつくる」という目標とデジタルのチカラをうまく融合させて，それぞれの地域に合わせたデジタル活用の流れを生み出している。

　後者は，カーボンニュートラルの推進という言葉に形を変えて羽ばたいており，地球温暖化対策推進法に基づくゼロカーボンシティ表明やら，PPP/PFIにも馴染みが深いZEB化の推進やら，環境未来都市構想などとも連動しつつ，やはり，それぞれの地域の特徴に合わせた取組みが進められている。

　さて，一方のSXはサステナビリティトランスフォーメーションの略だそうだが，こちらは，地方自治体の文脈においては，今のところあまり耳にしない。

　サプライチェーンの不確実性が高まるなかで，民間企業においては，過去の活動成果である財務情報中心主義から脱却し，将来の企業活動の源泉となる非財務情報が重視され始めたものの，SX，すなわち環境，労働と人権，企業倫理，持続可能な資材調達など，企業活動における多面的なサステナビリティの推進を自社

のこれからの成長の源泉としようという考え方は，まだまだ始まったところだ。

　そういうなかで，公共とSXの関わりについては，UNEP（国連環境計画）が１つの答えを示している。2022年12月に公表された「Sustainable Public Procurement（持続可能な公共調達）」では，SX，すなわち持続可能な製品・サービスのための市場変革において，「公共調達がゲーム・チェンジャーとなりうる」と明言されており，そのための方策として，例えば，「最低価格調達からVFM（バリュー・フォー・マネー）調達にシフトすること」などが提言されている。

　ここでのVFMとは，本書でご紹介したVFMを超えたところに視点がある「トリプル・インパクト」を考慮した公共調達であり，トリプル・インパクトとは，経済的，環境的，社会的な３つの要因をバランス良く重視した調達のことである。

　つまり，公共調達に，民間企業のESGの牽引役も期待されているのである。

　確かに，もしも，企業規模や地元での知名度よりも，働き方改革を徹底し子育てしやすい環境を実現している会社が重視されるなら……もしも，実績の多さよりも，環境負荷軽減に取り組み，下請企業の原材料調達にも配慮している企業が選ばれるなら……日本企業のサステナビリティも欧米に肩を並べるぐらいに進展し，PPP/PFI分野では，実務能力に加え経営品質の高い企業が選ばれるようになり，先に述べたジャイアントキリングも当たり前になっていくだろう。

　NHKの朝のニュースで，指定管理者制度に絡み「官製ワーキングプア ？」との文字が躍ったのは2023年２月のこと。

　実際，指定管理者の現場では，３年～５年で職を失う可能性がある職場で，時には利用者の命にもかかわる業務をこなしながら，指定管理料は同額なので給料は何年も上がらないまま，というのが常態化している。

　もしもPPP/PFIをまちづくりのクリエイティブなツールとして活用するのであれば，誰かの犠牲の上に成り立つのではなく，公共調達というパワーを活かし，先陣を切って，SXの実現に取り組むことも望まれよう。

　新しい未来は，いつかやって来る。それをどう彩るかは私達皆に任されている。

おわりに

指定管理者制度の導入から数えて，はや20年あまり。この間，大規模自治体や上場企業のクライアントと仕事をご一緒する機会が増える一方で，ローカルPFIやスモールコンセッションという言葉が全くなかった時代から，全国各地のさまざまな公募・応募支援の現場で，いくつもの「顔」に出会う機会をいただきました。

指定管理者制度の導入が決まった外郭団体で「私の給料はゼロ円にしてもらって構わないから職員を守ってくれ」と頭をお下げになった理事長のきっぱりした顔。

初めてPPP/PFIを活用した公募に臨み，バンドリングなどの工夫が奏功して都会の民間事業者から複数応募があったとわかった時の行政職員のうれしそうな顔。

仲良しの地元2社でグループを組み，企画提案を練り上げ，来週提出というところで，1社が巨大な赤字を抱えており，おそらく選定外になるとわかった時の，言い出せなかった赤字企業社長の泣き顔と，もう1社の社長のとてもつらそうな顔。

若手職員達が，何とか自分達もPPP/PFIを活用しようと各課に働きかけ，庁内勉強会や地元事業者向け勉強会を開催し，サウンディングまで開催したものの，最後は，首長判断で「検討中止」が決まった時の，がっかりしたやるせない顔……。

PPP/PFIは，まちづくりのためのクリエイティブなツールであると共に，そこに関わる人々のさまざまなストーリーを育む場でもあると感じてきました。

その場に携わる者として，「確認したいけど，今さら誰にも聞けない」「実はよく知らないとは，言い出しにくい」といった基本的な情報を提供することの必要性を強く感じることが増えてきました。そうした折に，1人でも多くの方

にPPP/PFIのおもしろさに気づいていただける機会と巡り合えたことに感謝
しています。

　最後まで読んでいただき，本当にありがとうございました。本書が，少しで
も皆様のお役に立てると幸いです。

　また，いつかどこかで，お目にかかるのを楽しみしています。

索　引

執筆協力者一覧

《 校正協力 》

相見　大輔（あいみ　だいすけ）
株式会社ブレインファーム　公共デザイン事業部　公共政策チーム　チームリーダー

竹平　陽（たけひら　ひなた）
株式会社ブレインファーム　公共デザイン事業部　公共政策チーム　マネジメントコンサルタント

荒木　信夫（あらき　のぶお）
株式会社ブレインファーム　公共デザイン事業部　公共政策チーム　リサーチャー

坪井　優和（つぼい　まさかず）
株式会社ブレインファーム　PPP/PFI協創推進事業部　民間支援チーム　部長代理

清家　友子（せいけ　ともこ）
株式会社ブレインファーム　PPP/PFI協創推進事業部　民間支援チーム　アシスタントリーダー

《 調査協力 》

胡　越（こ　えつ）
株式会社ブレインファーム　PPP/PFI協創推進事業部　民間支援チーム　アシスタント

【著者紹介】

新谷　聡美（しんたに　さとみ）

株式会社ブレインファーム　代表取締役社長

大阪大学法学部卒業。中小企業診断士として最年少・女性初の大阪市特別診断員に選任された後，独立系コンサルティング・ファームを経て，現職。

地方自治法改正による指定管理者制度の創設とともに，パブリックビジネス領域のコンサルティングに取り組み，今までに全国300施設を超える，地方自治体や民間企業を対象としたPPP/PFI分野のコンサルティング・アドバイザリ業務を展開。最近は，学生時代の途上国支援の経験と専門知識を活かし，地方自治体や民間企業のサステナビリティの推進にも積極的に取り組んでいる。

《 連絡先 》

株式会社ブレインファーム（https://www.brainfirm.co.jp）

〒107-0052　東京都港区赤坂4-1-1　ＳＨＩＭＡ赤坂ビル7階

〒550-0003　大阪市西区京町堀1-6-2　肥後橋ルーセントビル4階

TEL：0120-181-015（フリーダイヤル）

※本書内でご紹介した「PFI審査員アンケート」のレジュメをご希望の方は，shintani@brainfirm.co.jpに「アンケート資料希望」とご連絡ください。

また，お寄せいただいたご意見・ご感想は真剣に拝読させていただき，ご質問には弊社ホームページやブログを通じてご回答させていただきます。

《 会社紹介 》

株式会社ブレインファーム

1998年8月創立。独立系コンサルティングファームとして，行政計画の策定や各種調査を手掛けるほか，PPP/PFIを中核とした行政アドバイザリ業務と民間応募支援コンサルティングを展開している。全国の地方自治体の50％以上が活用しているPPPポータルサイトBestPPP！（ベスピィ）を運営している。

2022年度からは，グローバルなサプライチェーンを持つ民間企業をはじめとする国際標準のサステナビリティ推進コンサルティングも展開している。

- ・国土交通省PPP協定パートナー企業（2018年〜）
- ・国連グローバルコンパクト 加盟（2022年）
- ・EcoVadisプラチナ認定（2022年，2023年）
- ・EcoVadis戦略トレーニングパートナー（2023年〜）
- ・CDP気候変動コンサルティングパートナー（2022年，2024年）

これ1冊ですべてがわかる
PPP/PFIの教科書

2024年2月10日　第1版第1刷発行
2024年11月25日　第1版第5刷発行

著　者　新　谷　聡　美
発行者　山　本　　　継
発行所　㈱中　央　経　済　社
発売元　㈱中央経済グループ
　　　　パブリッシング

〒101-0051　東京都千代田区神田神保町1-35
電　話　03 (3293) 3371　（編集代表）
　　　　03 (3293) 3381　（営業代表）
https://www.chuokeizai.co.jp
印刷・製本／文唱堂印刷㈱

© 2024
Printed in Japan

※　頁の「欠落」や「順序違い」などがありましたらお取り替えいた
　しますので発売元までご送付ください。（送料小社負担）

ISBN978-4-502-48661-6　C3034

JCOPY〈出版者著作権管理機構委託出版物〉本書を無断で複写複製（コピー）することは，
著作権法上の例外を除き，禁じられています。本書をコピーされる場合は事前に出版者著作権
管理機構（JCOPY）の許諾をうけてください。
JCOPY〈https://www.jcopy.or.jp　eメール：info@jcopy.or.jp〉

実践サステナブル PPP
—SDGs に貢献する新しい公民連携ガイド

佐々木 仁 著

近年 SDGs 等の影響を受けたサステナブルな PPP への関心が高まっている。本書では海外・国内での動向や基本事項、具体的な進め方、留意点を解説。詳細な事例分析も付す。

2022 年 9 月刊／Ａ５判ソフトカバー／224 頁

公共施設別　公民連携ハンドブック

株式会社民間資金等活用事業推進機構 編著

全国各地の先進的事例や参考となる事例を 25 の分野に分け、採用した手法、事業概要、特徴を詳しく紹介。公民連携に役立つヒント満載の情報ブック。自治体、事業者必見！

2021 年 9 月刊／Ａ５判ソフトカバー／240 頁

公会計と公共マネジメント

馬場 英朗・大川 裕介・横田 慎一 著

公会計と公共マネジメントの関わりについて、多面的な視点から考察。財政制度や公共サービス改革、行政評価、公監査等を、高度な会計知識がなくても理解できるよう詳説。

2021 年 9 月刊／Ａ５判ソフトカバー／176 頁

PFI のファイナンス実務

株式会社民間資金等活用事業推進機構 編著

PFI 手法やプロジェクトファイナンスの基礎を概観したうえで、一般的な PFI とコンセッションそれぞれの事業の仕組みと資金の流れ、融資手続きの概要と留意点について解説。

2020 年 9 月刊／Ａ５判ソフトカバー／240 頁

自治体担当者のための PFI 実践ガイドブック

株式会社民間資金等活用事業推進機構 編著

PFI 制度の概要と、事業の発案から終了に至るプロセスを自治体職員の視点で解説。幅広い分野の 43 の事例を紹介しつつ、小規模自治体でも成果を挙げられるノウハウを伝える。

2019 年 8 月刊／Ａ５判ソフトカバー／240 頁

コンセッション・従来型・新手法を網羅した
PPP/PFI 実践の手引き

丹生谷 美穂・福田 健一郎 編著

空港、上下水道コンセッションの仕組みや課題を中心に、ＩＲも含めた最新の実践手法を解説。入札・公募以降の手続、契約、ファイナンス活用ほか、担当者必携のガイダンス。

2018 年 8 月刊／Ａ５判ソフトカバー／300 頁

中央経済社